《国际减贫年度报告2023》

编写组

中国国际扶贫中心

李　昕　徐丽萍　贺胜年
刘欢欢

中央财经大学

高菠阳　王优容　戴俊骋
欧变玲　张　鹏　刘志东
易成栋

其他编写人员

孙潇雨　孟　越　胡桢培　孙佳儒　郑美欣
杨景涵　张馨雨　乔　佳　康方萌　谢　帆

全球减贫与发展经验分享系列

The Sharing Series on Global Poverty
Reduction and Development Experience

国际减贫年度报告

—2023—

中国国际扶贫中心　编著

中国农业出版社

北　京

图书在版编目（CIP）数据

国际减贫年度报告. 2023 / 中国国际扶贫中心编著
. —北京：中国农业出版社，2023.11
ISBN 978-7-109-31451-1

Ⅰ. ①国⋯ Ⅱ. ①中⋯ Ⅲ. ①贫困问题－研究报告－
世界－2023－英文 Ⅳ. ①F113.9

中国国家版本馆 CIP 数据核字（2023）第 211656 号

国际减贫年度报告. 2023
GUOJI JIANPIN NIANDU BAOGAO. 2023

中国农业出版社出版
地址：北京市朝阳区麦子店街 18 号楼
邮编：100125
责任编辑：肖　杨
版式设计：王　晨　　责任校对：吴丽婷
印刷：北京印刷一厂
版次：2023 年 11 月第 1 版
印次：2023 年 11 月北京第 1 次印刷
发行：新华书店北京发行所
开本：700mm×1000mm　1/16
印张：9
字数：120 千字
定价：58.00 元

总　序

消除贫困是人类梦寐以求的理想，人类发展史就是与贫困不懈斗争的历史。中国是拥有 14 亿多人口、世界上最大的发展中国家，基础差、底子薄，发展不平衡，长期饱受贫困问题困扰。消除贫困、改善民生、实现共同富裕，是社会主义的本质要求，是中国共产党的重要使命。为兑现这一庄严政治承诺，100 多年来，中国共产党团结带领中国人民，以坚定不移、顽强不屈的信念和意志与贫困进行了长期艰苦卓绝的斗争。改革开放以来，中国实施了大规模、有计划、有组织的扶贫开发，着力解放和发展社会生产力，着力保障和改善民生，取得了前所未有的伟大成就。2012 年党的十八大以来，以习近平同志为核心的党中央把脱贫攻坚摆在治国理政的突出位置，习近平总书记亲自谋划、亲自挂帅、亲自督战，推动实施精准扶贫精准脱贫基本方略，动员全党全国全社会力量，打赢了人类历史上规模空前、力度最大、惠及人口最多的脱贫攻坚战。

脱贫攻坚战的全面胜利，离不开有为政府和有效市场的有机结合。八年间，以习近平同志为核心的党中央加强对脱贫攻坚的集中统一领导，发挥中国特色社会主义制度能够集中力量办大事的政治优势，把减贫摆在治国理政的突出位置，为脱贫攻坚提供了坚强政治和组织保证。广泛动员市场、社会力量积极参与，实施"万企帮万村"等行动，鼓励民营企业和社会组织、公民个人参与脱贫攻坚，促进资金、人才、技术等要素向贫困地区集聚。截至 2020 年底，现行标准下 9 899 万农村贫困人口全部脱贫，832 个贫困县全部摘帽，12.8 万个贫困村全部出列，区域性整体贫困得到解决，完成了消除绝对贫困的艰巨任务。建成了世界上规模最大的教育体系、社会保障体系、医疗卫生体系，实现了快速发展与大规模减贫同步、经济转型与消除绝对贫困同步。

一直以来，中国始终是世界减贫事业的积极倡导者、有力推动者和重要贡献者。按照世界银行国际贫困标准，改革开放以来，我国减贫人口占同期全球减贫人口的70％以上，占同期东亚和太平洋地区减贫人口的80％。占世界人口近五分之一的中国全面消除绝对贫困，提前10年实现联合国《2030年可持续发展议程》减贫目标，不仅是中华民族发展史上具有里程碑意义的大事件，也是人类减贫史乃至人类发展史上的大事件，为全球减贫事业发展和人类发展进步作出了重大贡献。

中国立足自身国情，把握减贫规律，走出了一条中国特色减贫道路，形成了中国特色反贫困理论，创造了减贫治理的中国样本。坚持以人民为中心的发展思想，坚定不移走共同富裕道路，是扶贫减贫的根本动力。坚持把减贫摆在治国理政突出位置，从党的领袖到广大党员干部，目标一致、上下同心，加强顶层设计和战略规划，广泛动员各方力量积极参与，完善脱贫攻坚制度体系，保持政策连续性稳定性。坚持用发展的办法消除贫困，发展是解决包括贫困问题在内的中国所有问题的关键，是创造幸福生活最稳定的途径。坚持立足实际推进减贫进程，因时因势因地制宜，不断调整创新减贫的策略方略和政策工具，提高贫困治理效能，精准扶贫方略是打赢脱贫攻坚战的制胜法宝，开发式扶贫方针是中国特色减贫道路的鲜明特征。坚持发挥贫困群众主体作用，调动广大贫困群众积极性、主动性、创造性，激发脱贫内生动力，使贫困群众不仅成为减贫的受益者，也成为发展的贡献者。

为防止出现返贫和产生新的贫困，脱贫攻坚战全面胜利后，中国政府设置了5年过渡期，着力巩固拓展脱贫攻坚成果，全面推进乡村振兴。按照党的二十大部署，在以中国式现代化全面推进中华民族伟大复兴的新征程上，中国正全面推进乡村振兴，建设宜居宜业和美乡村，向着实现人的全面发展和全体人民共同富裕的更高目标不断迈进。中国巩固拓展脱贫成果和乡村振兴的探索与实践，将继续为人类减贫与乡村发展提供新的中国经验和智慧，为推动构建没有贫困的人类命运共同体贡献中国力量。

面对国际形势新动向新特征，习近平总书记提出"一带一路"倡议、全球发展倡议等全球共同行动，将减贫作为重点合作领域，致力于推动构建没有贫困、共同发展的人类命运共同体。加强国际减贫与乡村发展经验分享，助力全球减贫与发展进程，业已成为全球广泛共识。为此，自2019年起，中国国际扶贫中心与比尔及梅琳达·盖茨基金会联合实施国际合作项目，始终坚持站在未来的角度、政策的高度精心谋划项目选题，引领国内外减贫与乡村发展前沿热点和研究走向。始终坚持将中国减贫与乡村发展经验与国际接轨，通过国际话语体系阐释中国减贫与乡村振兴道路，推动中国减贫与乡村发展经验的国际化传播。至今已实施了30余个研究项目，形成了一批形式多样、影响广泛的研究成果，部分成果已在相关国际交流活动中发布。

为落实全球发展倡议，进一步促进全球减贫与乡村发展交流合作，中国国际扶贫中心精心梳理研究成果，推出四个系列丛书，包括"全球减贫与发展经验分享系列""中国减贫与发展经验国际分享系列""国际乡村发展经验分享系列""中国乡村振兴经验分享系列"。

"全球减贫与发展经验分享系列"旨在跟踪全球减贫进展，分析全球减贫与发展趋势，总结分享各国减贫经验，为推动联合国2030年可持续发展议程、参与全球贫困治理提供知识产品。该系列主要包括《国际减贫年度报告》《国际减贫理论与前沿问题》等全球性减贫知识产品，以及覆盖非洲、东盟、南亚、拉丁美洲及加勒比地区等区域性减贫知识产品。

"中国减贫与发展经验国际分享系列"旨在讲好中国减贫故事，向国际社会分享中国减贫经验，为广大发展中国家实现减贫与发展提供切实可行的经验。该系列聚焦中国精准扶贫、脱贫攻坚和巩固拓展脱贫攻坚成果的经验做法，基于国际视角梳理形成中国减贫经验分享的知识产品。

"国际乡村发展经验分享系列"聚焦国际乡村发展历程、政策和实践，比较中外乡村发展经验和做法，为全球乡村发展事业提供交流互鉴的知识产品。该系列主要包括《国际乡村振兴年度报告》《乡村治理国际经验比较分析报告》《县域城乡融合发展与乡村振兴》等研究成果。

"中国乡村振兴经验分享系列"聚焦讲好中国乡村振兴故事，及时总结乡村振兴经验、做法和典型案例，为国内外政策制定者和研究者提供参考。该系列主要围绕乡村发展、乡村规划、共同富裕等议题，梳理总结有关政策、经验和实践，基于国际视角开发编写典型案例等。

最后，感谢所有为系列丛书顺利付梓付出辛勤汗水的相关项目组、出版社和编辑人员，以及关心和支持中国国际扶贫中心的政府机构、高校和科研院所、社会组织和各界朋友。系列丛书得到了比尔及梅琳达·盖茨基金会的慷慨资助以及盖茨基金会北京代表处的悉心指导和帮助，在此表示衷心感谢！

全球减贫与乡村发展是动态而不断变化的，书中难免有挂一漏万之处，敬请读者指正！

刘俊文

中国国际扶贫中心主任

2023 年 8 月

摘　要

消除贫困是全人类的共同使命。联合国《2030 年可持续发展议程》将"在全世界消除一切形式的贫困"作为首要目标。过去 20 年来，全球减贫取得有效进展。然而，新冠疫情为全球减贫事业带来严峻挑战。为落实全球发展倡议，推动构建没有贫困、共同发展的人类命运共同体，项目组撰写了《国际减贫年度报告 2023》。梳理新冠疫情对全球减贫进程的影响，持续跟踪全球减贫事业进展，促进国际减贫交流与合作。

报告认为：

（1）疫情逆转了全球减贫成果。疫情发生以前，全球减贫取得积极进展。在世界银行 2.15 美元标准下，全球贫困发生率从 2000 年的 29.1% 下降至 2019 年的 8.4%。然而疫情逆转了全球减贫积极趋势，2020 年有 7 100 多万人重新陷入极端贫困。

（2）疫情加剧了全球多维贫困。疫情使全球减少多维贫困的进程倒退了 8～10 年。2021 年全球多维贫困发生率为 21.7%，多维贫困人口约为 13 亿人，相较于 2019 年疫情发生前增加了 10.9%。

（3）疫情影响呈现显著的区域差异性。低收入国家绝对贫困和多维贫困的恶化情况更加严重。2020 年，新增绝对贫困人口和多维贫困人口主要集中在撒哈拉以南非洲地区、中东和北非地区以及南亚地区。同时，贫困发生率高、多维贫困指数高的国家，各项减贫议题受到更严重的负面影响。

（4）疫情对全球经济发展、粮食安全、医疗和教育产生了深刻影响。全球经济发展受到严重冲击，失业率上升；全球粮食危机持续加深；医疗资源短缺和分布不均衡的问题凸显；教育机会减少，教育不平等现象加剧。

（5）应对疫情挑战，构建更加紧密的人类命运共同体。在疫情影响下，中国巩固拓展脱贫攻坚成果同乡村振兴有效衔接的做法及成效，为全球减贫与乡村发展提供了中国样本与中国方案。为积极应对疫情给全球减贫带来的影响，我们需要呼吁各国积极参与落实全球发展倡议，持续推进联合国《2030年可持续发展议程》，共筑更加紧密的人类命运共同体。

报告共五章：第一章是新冠疫情对全球减贫的影响，第二章是疫情对主要减贫议题实施情况的影响，第三章是应对疫情及推进减贫的措施和效果，第四章是中国巩固拓展脱贫攻坚成果及推进乡村振兴的经验做法，第五章是全球减贫发展展望。

目 录

CONTENTS

3

第三章　应对疫情及推进减贫的措施和效果　/ 66

4 第四章　中国巩固拓展脱贫攻坚成果及推进乡村振兴的经验做法　/ 107

5 第五章　全球减贫发展展望　/ 128

第一章

新冠疫情对全球减贫的影响

一、疫情深度影响全球减贫

贫困是困扰人类社会的重大问题，消除贫困是各国人民梦寐以求的共同理想。联合国《2030 年可持续发展议程》将"在全世界消除一切形式的贫困"作为首要目标。然而，新冠疫情（以下简称疫情）逆转了全球 20 年来的减贫成果，2030 年在全世界消除一切形式贫困的目标或无法实现。据联合国《2022 年可持续发展目标报告》数据，2020 年，疫情使全球 7 100 多万人重新陷入极端贫困。据《2020 年全球多维贫困指数》数据[①]，减少多维贫困的进展倒退了 8～10 年，且多维贫困指数较高的国家受到的影响更为严重。

疫情的传播使全球面临大量人口失业或是收入降低的危机，食物供应链遭到破坏，医疗资源遭到挤占，妇女儿童的权益遭到破坏，导致大批人口重新陷入贫困，影响了全球减贫进程。

全球食物等基础物资供应受限。疫情破坏了全球食物供应链，加上俄乌冲突影响了全球近 1/3 的小麦市场，使全球粮食价格大幅上涨，对全球饥饿和贫困状况造成了破坏性的影响，且这一影响在最贫困人口和最脆弱人群中更为严重。据《2022 年世界粮食安全和营养状况》报告[②]，

---

① 《2020 年全球多维贫困指数》由联合国开发计划署和牛津大学贫困与人类发展计划联合发布。

② 《2022 年世界粮食安全和营养状况》由联合国粮食及农业组织、国际农业发展基金、联合国儿童基金会、联合国世界粮食计划署和世界卫生组织联合发布。

2021年全球受饥饿影响的人数达8.28亿人，较2020年增加约4 600万人，全球约有23亿人面临中度或重度粮食不安全状况。《关于COVID-19在西非影响的监测报告》[①] 显示，自疫情开始以来，西非超过2 500万人面临饥饿，与2020年相比饥饿人口增加了35%，2022年上半年该地区有将近20个国家粮食短缺情况出现恶化。此外，粮食短缺也会造成营养不良，儿童是首要的受害群体。当前全球约5 000万儿童患有消瘦症（体重与身高之比偏低），受疫情影响，全球患有消瘦症的儿童将增加900万左右。

大批工人失业，就业市场遭受打击。全球经济贸易受到影响，大批企业破产或倒闭，工作岗位锐减，对工人的收入造成了破坏性影响。据联合国《2021年可持续发展目标报告》，2020年失业率较2019年增加了1.1个百分点，升至6.5%，全球共有2.55亿个全职工作岗位流失，16亿非正规经济领域劳动者的生计正被威胁，衡量收入不平等的基尼系数在许多国家出现显著上升。据联合国《2022年可持续发展目标报告》，2021年全球失业率为6.2%，仍高于疫情前的5.4%。与2019年相比，2021年仍有1.25亿个全职工作岗位的流失。根据国际劳工组织预计，2023年前全球的失业率依旧无法恢复到疫情前水平。

全球医疗保健系统承受巨大压力。世界卫生组织和世界银行发布的《全民健康覆盖情况追踪：2021年全球监测报告》显示，疫情发生前，全球有5亿多人因不断增加的医疗费用而变成或即将变成极端贫困人口；疫情发生后，阻滞了全球20年来在普及医疗服务方面的进展。受疫情影响，医疗服务、卫生服务中断和卫生系统紧张的范围不断扩大，免疫接种率也出现了10年来的首次下降。此外，全球死于结核病和疟

---

① 《关于COVID-19在西非影响的监测报告》是联合国非洲经济委员会西非次区域办事处和联合国世界粮食计划署合作完成的。

疾等疾病的人数在不断增加。以非洲为例，疫情影响了非洲关键的卫生服务，破坏了多年来在防治艾滋病、结核病和疟疾等其他致命疾病方面取得的进展。

妇女儿童生命安全和合法权益受到威胁。疫情进一步减少了妇女获得良好医疗保健、教育、就业以及获得政府支持补贴的机会。隔离期间，针对女性的家庭暴力事件激增，妇女儿童的生命健康与安全受到进一步威胁。联合国儿童基金会指出，疫情是过去75年来儿童所面临的最大危机。根据《柳叶刀》的报告，从2021年4月30日至10月31日，疫情使得全球范围内孤儿或无人照顾的儿童数量从270万人增加至520万人，上涨了93％。在教育领域，全球范围内的学生因隔离损失了超1.8万亿小时的学习时间。据世界银行2020年末的估计，全球将有700万学生因疫情而不得不选择辍学。

二、全球减贫进展

（一）绝对贫困

疫情削弱了全球减贫进展。过去20年来，全球减贫取得积极有效进展，2.15美元标准下全球贫困发生率从2000年的29.1％下降至2019年的8.4％[①]。然而在疫情的影响下，2019—2020年1.9美元标准下全球贫困发生率从8.35％上升到9.2％[②]。这是自1998年来的首次上升，也是自1990年以来的最大上升。根据联合国《2022年可持续发展目标

---

① 自世界银行在《1990年世界发展报告》中提出每人每天1美元的贫困线标准以来，一直使用购买力平价（PPP）推导国际贫困线并估算全球贫困人口。2022年5月9日，世界银行宣布将全球贫困线由1.9美元上调至2.15美元，并已于2022年秋开始执行。其中，1.9美元是2011年PPP标准，2.15美元是2017年PPP标准。此处2000—2019年数据采用2.15美元标准开展研究。由于世界银行目前尚未发布2020—2021年2.15美元标准下贫困发生率等数据，故2019年后采用联合国可持续发展报告数据库中1.9美元标准下的数据开展研究。

② 依据联合国《2022年可持续发展目标报告》数据。

报告》数据，2020—2021 年在有数据更新的 155 个国家中，1.9 美元标准下平均贫困发生率为 12.72%，较 2019 年增加 0.11%，绝对贫困人口共计 5.99 亿人，增加 0.22 亿人。根据联合国对 2022 年的预测估计，生活在绝对贫困中的人数将比疫情暴发前的预期多 7 000 余万人。在疫情影响下，预计 2030 年绝对贫困发生率为 6%，消除绝对贫困的目标或将难以实现（图 1.1）。

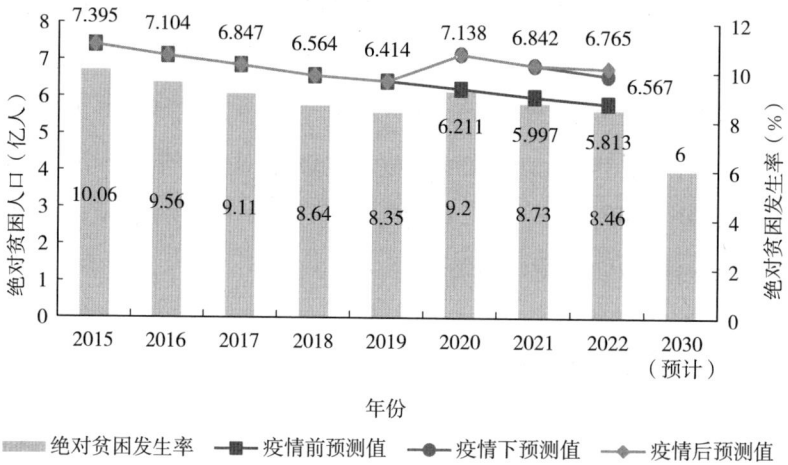

图 1.1　世界银行 1.9 美元标准下全球贫困人口变化（2015 年以来）

数据来源：绝对贫困人口数据来源于联合国《2022 年可持续发展目标报告》，绝对贫困发生率通过绝对贫困人口数据与世界银行人口数据计算得出。

专栏 1.1　绝对贫困线

贫困线（又称贫困标准），是在一定的时间、空间和社会发展阶段下，维持人们的基本生存所必需消费的物品和服务的最低费用。世界银行 2015 年 10 月宣布，按照购买力平价（PPP）计算，将国际绝对贫困线标准从此前的每人每天生活支出 1.25 美元上调至 1.9 美元（图 1.2）。

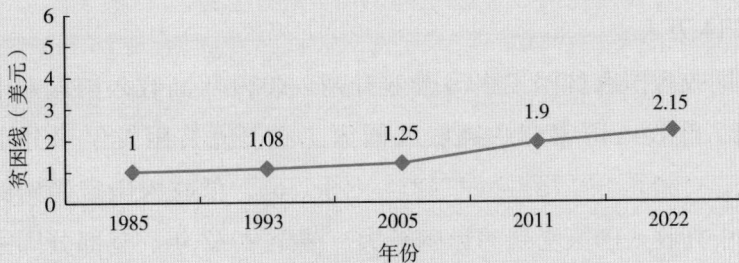

图 1.2　世界银行绝对贫困线变化

数据来源：世界银行。

2022 年 5 月，世界银行发布信息，全球贫困线将由 1.9 美元上调至 2.15 美元。2022 年秋，2.15 美元标准贫困线正式投入使用。

世界银行强调，国际贫困线的实际价值基本上没有变化——现在只不过是用新的价格来表示，实际价值不变，对衡量和判断绝对贫困并无实际影响。

撒哈拉以南非洲地区多数国家绝对贫困发生率上升。相较于疫情发生前，1.9 美元标准下有 63 个国家绝对贫困发生率增长，增长幅度大于 3% 的国家大多位于撒哈拉以南的非洲地区[①]，这些国家包括委内瑞拉、几内亚、安哥拉、刚果（布）、赞比亚、东帝汶和刚果（金），分别增长 21.39%、10.40%、4.62%、3.98%、3.50%、3.18% 和 3.11%，绝对贫困人口分别增加 650 万人、175 万人、319 万人、42 万人、157 万人、6 万人和 876 万人。也有 62 个国家绝对贫困发生率降低。其中下降幅度大于 3% 的国家有中非、埃塞俄比亚、圭亚那、塞拉利昂、布基纳法索、贝宁、孟加拉国和尼日尔，分别下降 8.59%、6.78%、6.73%、4.72%、4.02%、3.52%、3.20% 和 3.15%，绝对贫困人口

---

① 依据联合国《2022 年可持续发展目标报告》数据。

分别减少 22 万人、709 万人、5 万人、19 万人、16 万人、3 万人、505 万人和 14 万人。

不同收入国家贫困发生率普遍升高。2020 年高收入国家、中低收入国家、低收入国家和中高收入国家 1.9 美元贫困发生率分别升高 0.01％、1.60％、0.78％和 1.42％（图 1.3）。低收入国家受到的冲击最小，中高收入国家受到的影响较大。截至 2022 年，有部分国家贫困发生率已恢复至疫情前水平。

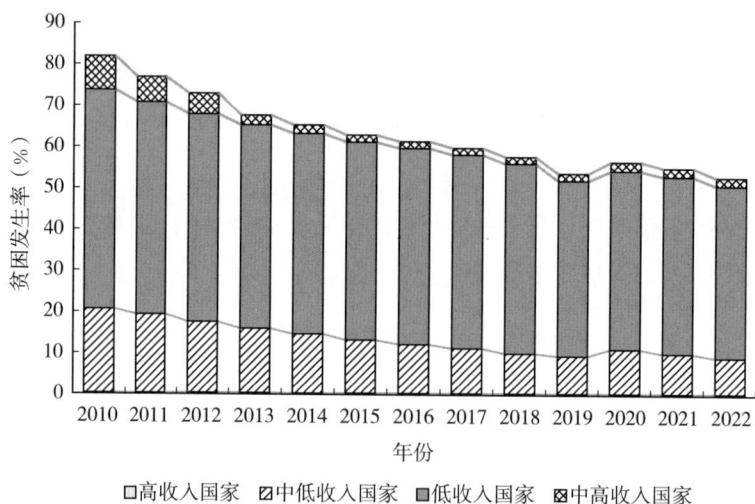

图 1.3　世界银行 1.9 美元标准下不同收入水平国家的贫困发生率变化

数据来源：联合国《2022 年可持续发展目标报告》数据库。

不同区域国家贫困发生率变化呈现差异性。所有地区的贫困发生率在 2020 年都有显著增长，但在 2021 年基本表现出恢复态势。除东亚和太平洋地区贫困发生率增加了 0.23％以外，其余地区均有不同程度的降低，其中南亚地区下降幅度最大，从 2020 年的 4.59％下降至 2021 年的 3.75％，但仍然没有恢复至疫情前水平。2022 年，绝大多数地区保持了贫困发生率持续下降的趋势，部分地区有望恢复至疫情前水平（图 1.4）。

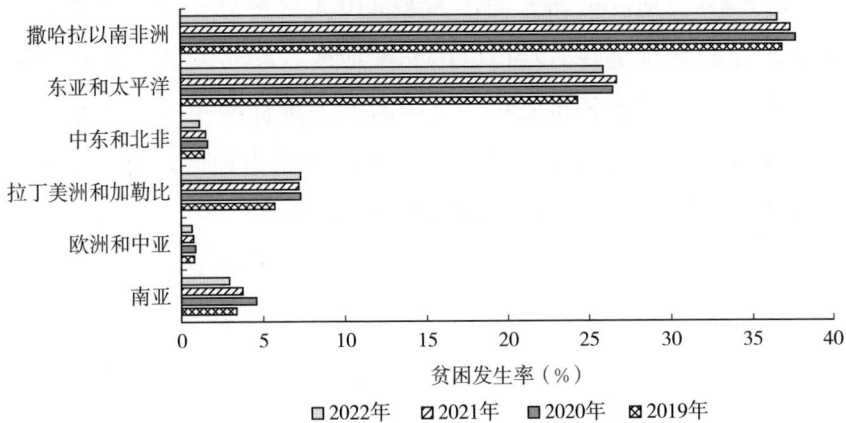

图 1.4　疫情发生后世界银行 1.9 美元标准下不同区域国家贫困发生率变化

数据来源：联合国《2022 年可持续发展目标报告》数据库。

生活在绝对贫困中的工人比例出现 20 年来的首次上升。联合国《2022 年可持续发展目标报告》指出，世界范围内生活在绝对贫困中的工人比例从 2019 年的 6.7％上升到 2020 年的 7.2％，800 万名工人重新陷入贫困。2021 年该数据下降至 6.9％，但仍高于疫情暴发前，大多数地区尚未恢复到 2019 年的水平。相比于成年人和男性工作者，疫情给青年和女性就业带来了更为严重的打击，青年和妇女不同程度面临了失业、工作时间减少和减薪的影响。从空间分布来看，工作贫困发生率最高的地区为撒哈拉以南非洲地区，该地区的工人普遍受到了疫情带来的长期影响，且这一影响仍在继续。

（二）多维贫困

疫情加剧了全球多维贫困。据《2021 年全球多维贫困指数》，2021 年全球多维贫困发生率为 21.7％，相较于 2019 年疫情发生前增加了 10.9％。在人口构成方面，2021 年全球多维贫困人口约为 13 亿人（图 1.5），其中 18 岁以下的儿童及青少年占 49.5％（6.44 亿人），18～60 岁的成年人占 42.3％（5.50 亿人），60 岁以上老年人占 8.2％

（1.07 亿人）。在地区分布方面，多维贫困人口多分布于非洲地区和农村地区，近 85％生活在撒哈拉以南非洲地区（5.56 亿人）或南亚地区（5.32 亿人）。从城乡分布来看，约 84％的多维贫困人口（11 亿人）居住在农村地区，约 16％（2.09 亿人）居住在城市地区。总体来看，疫情对于整个人类经济和社会的影响仍将持续多年。

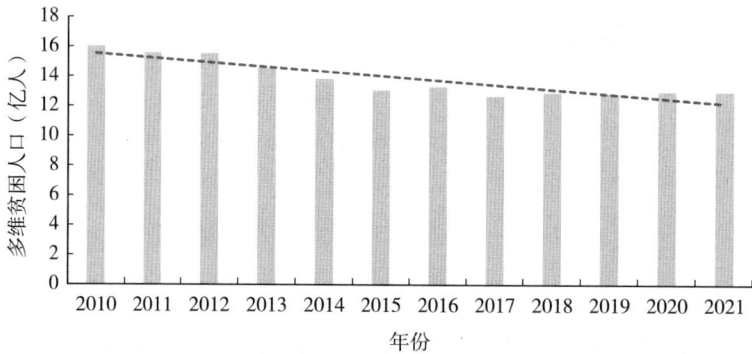

图 1.5　全球多维贫困人口数量变化

数据来源：《2021 年全球多维贫困指数》数据库。

专栏 1.2　多维贫困指数

多维贫困指数（MPI）反映不同个体或家庭在不同维度上的贫困程度。MPI 选取了三个维度测量贫困，总共包括 10 个维度指标。①健康维度：营养状况、儿童死亡率；②教育维度：儿童入学率、受教育程度；③生活水平维度：饮用水、电、日常生活用燃料、室内空间面积、环境卫生和耐用消费品。其取值越小，说明该个体或家庭贫困程度就越低，相反，则越高。

健康、教育和生活水平均受到严重影响。健康方面，据世界卫生组织最新估计，2020 年和 2021 年，有 1 490 万人直接死于新冠肺炎或疫情对卫生系统和社会的影响，其中 84％集中在东南亚、欧洲和美洲地区，68％集中在 10 个国家①。疫情引发的焦虑和抑郁等心理健康疾病显著上升。根据《2022 年可持续发展目标报告》，2020 年全球焦虑和抑郁症的流行率增加约 25％，年轻人和妇女受影响最大。教育方面，疫情导致学校大量关闭，进一步加重了儿童失学问题。《2021 年全球多维贫困指数》数据显示，全球约有 4.81 亿人口所在的家庭中存在失学儿童，有 6.35 亿人口所在的家庭中没有任何家庭成员受过 6 年以上的教育。教育不平等现象和高成本问题正在加剧，最不发达国家的家庭花费大量收入用于子女教育。在低收入和中低收入国家，家庭负担了教育总支出的 39％，而在高收入国家，这一比例为 16％。生活水平方面，全球住房及交通设施服务匮乏、资产设备短缺、供电不足、饮用水短缺和住房不达标等多种问题凸显。当前超过 10 亿人口仍生活在贫民窟或非正规居住区。全球有 6.78 亿人缺电，5.68 亿人缺乏 30 分钟内往返可获取的改善饮用水。疫情大大限制了贫困人口获得营养食品和基本营养服务的机会，约 7.88 亿人的家庭中至少有一位成员营养不良②。

不同国家的多维贫困指数差异较大。在有统计数据的 109 个发展中国家中，28 个国家的多维贫困指数大于等于 0.2③，多维贫困程度较高。其中乍得、中非、布隆迪的多维贫困指数最高，分别为 0.517、0.461、0.409，其贫困发生率分别为 84.2％、80.4％、75.1％，贫困人口分别为 1 342.3 万人、3 861 万人和 8 131 万人。通过分析多维贫困指标构成因素可以看出，有 63％的国家主要受生活水平影响，23％的国家主要受教育因素的影响，14％的国家主要受健康因素的影响。在多维贫困指数低于 0.3 的国家，健康维度的贡献度较高；当多维贫困指数高于 0.3 时，生活水平则成为决定性因素（图 1.6）。

---

① 依据世界卫生组织数据。https：//www.who.int/zh/news/item/05 - 05 - 2022 - 14.9 - mil-lion - excess - deaths - were - associated - with - the - covid - 19 - pandemic - in - 2020 - and - 2021。
②③ 依据《2021 年全球多维贫困指数》数据。

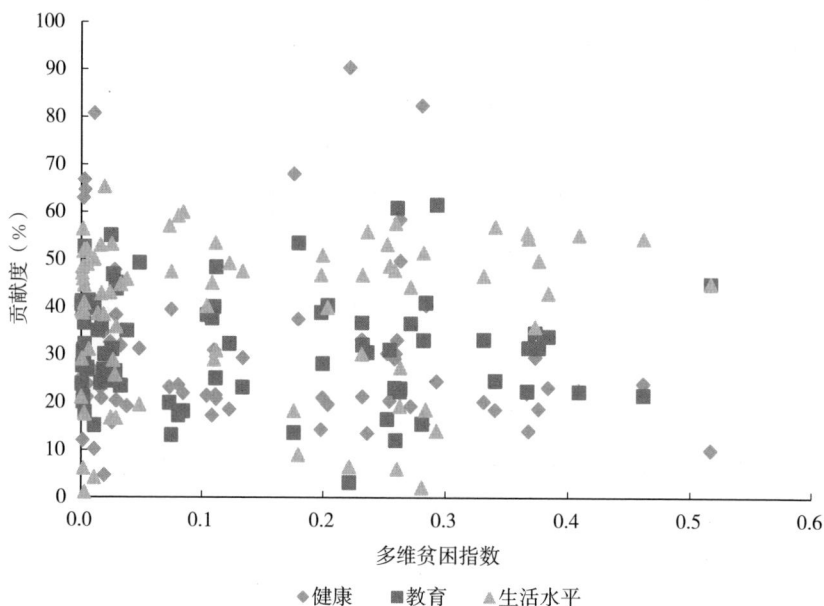

图 1.6　健康、教育和生活水平对多维贫困的贡献度分析

数据来源：《2021 年全球多维贫困指数》数据库。

低收入国家多维贫困程度较深。低收入国家的平均多维贫困指数为 0.33，远高于中高收入国家（0.03）和中低收入国家（0.12）。从空间分布来看，各地区多维贫困状况呈现出显著差异，撒哈拉以南非洲地区的多维贫困指数最高（0.286），欧洲和中亚地区的多维贫困指数最低（0.004）（图 1.7）。

多维贫困指数影响因素具有区域差异。生活水平是全球绝大多数地区多维贫困的主要影响因素，其中生活水平对撒哈拉以南非洲地区多维贫困的贡献度最大，高达 48.6％，对欧洲和中亚地区多维贫困的影响最低，仅为 22.4％。对于欧洲和中亚地区，健康成为多维贫困最主要的影响因素，贡献度超过了 50％。教育水平对全球各个区域多维贫困的贡献度保持在 24％～36％（图 1.8）。

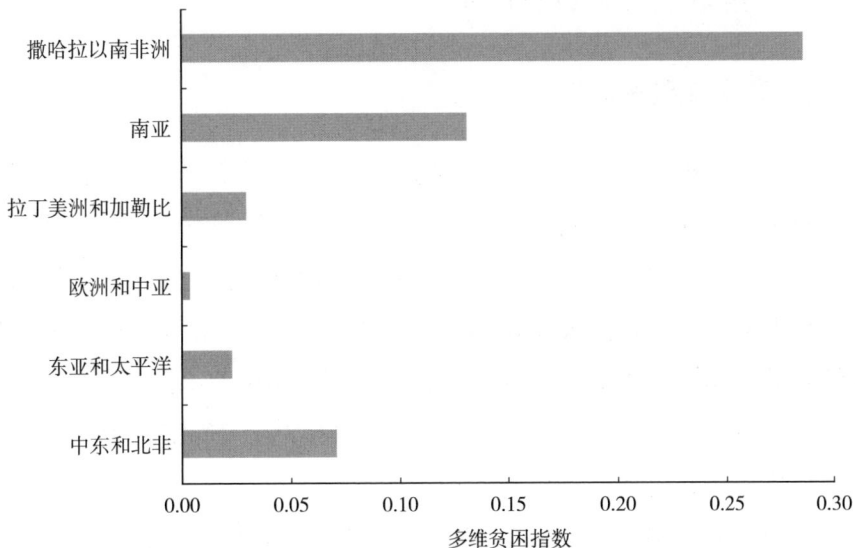

图 1.7　不同区域多维贫困指数

数据来源：《2021 年全球多维贫困指数》数据库。

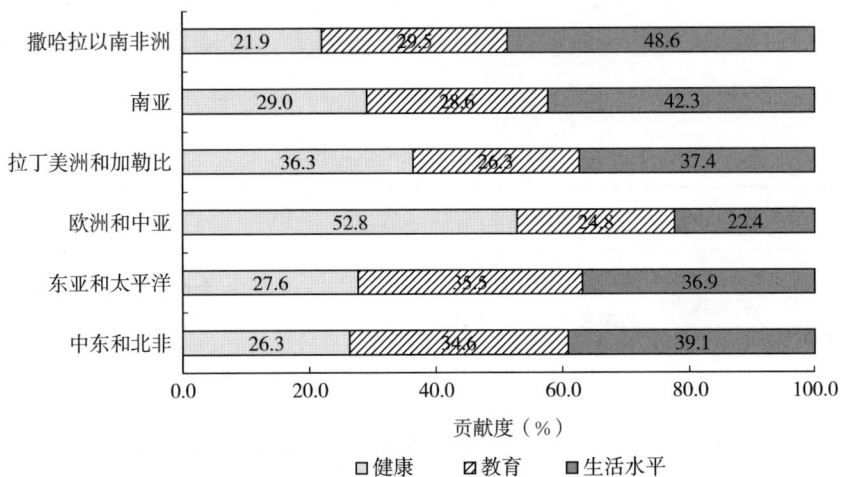

图 1.8　各地区健康、教育和生活水平对多维贫困的贡献度

数据来源：《2021 年全球多维贫困指数》数据库。

三、全球致贫和返贫展望

（一）全球致贫与返贫

全球多个机构及组织在疫情早期评估了疫情对全球减贫工作可能产生的影响及其程度。为应对疫情，各国采取了一系列有效措施。部分国家和地区绝对贫困发生率逐步减小，恢复到疫情前水平。2021 年除了东亚和太平洋地区贫困发生率增加 0.23% 以外，其余地区均有不同程度的降低，其中南亚地区下降幅度最大，从 2020 年的 4.59% 下降至2021 年的 3.75%[①]。2022 年，绝大多数地区保持了贫困发生率持续下降的趋势，部分地区有望恢复至疫情前水平。

随着发展态势不断向好，疫情带来的预期负面影响逐步减小，但地区冲突等问题仍对全球减贫事业造成较大压力（表 1.1）。受疫情等因素影响，2020 年全球新增 7 100 多万贫困人口[②]。新增贫困人口集中在撒哈拉以南非洲地区、中东和北非地区以及南亚地区。贫困人口基数大、贫困发生率较高的国家受影响更大，贫困群体也变得更加脆弱。

表 1.1　全球贫困人口预测

研究报告	发布时间	发布机构	主要内容
《2020 年可持续发展目标报告》	2020 年 7 月	联合国	2020 年全球绝对贫困率预计为8.4%～8.8%，约有 4 000 万～6 000万人将重新陷入绝对贫困
《2021 年全球多维贫困指数》	2021 年 10 月	联合国开发计划署、牛津大学	基于不同情景的模拟表明，全球多维贫困 70 个发展中国家进展可能倒退 3～10 年

①②　依据联合国《2022 年可持续发展目标报告》数据。

研究报告	发布时间	发布机构	主要内容
《欧洲和中亚地区经济简报》	2021 年 3 月	世界银行	2021 年底，预计将有约 1 亿人重新陷入绝对贫困
《2021 年可持续发展目标报告》	2021 年	联合国	2030 年将有约 6 亿人生活在绝对贫困中
《全球经济展望》	2022 年 6 月	世界银行	到 2022 年底，绝对贫困人口将净增 7 500 万人
《全球发展报告》	2022 年 6 月	中国国际发展知识中心	2030 年全球贫困率预计约为 7%，约 6 亿人的生活水平处于绝对贫困线之下
《应对发展中国家的生活费危机：贫穷与脆弱性预测和政策对策》	2022 年 7 月	联合国开发计划署	世界上 7 100 多万人返回绝对贫困，其中最贫困国家约有 5 100 万人，中低收入经济体约有 2 000 万人
《2022 年可持续发展目标报告》	2022 年 7 月	联合国	2022 年多重危机交织导致 7 500 万～9 500 万人返回绝对贫困
《2020 年全球多维贫困指数》	2020 年 7 月	联合国开发计划署、牛津大学	使世界消除多维贫困的进展倒退 8～10 年

资料来源：各组织及机构官网。

（二）区域致贫与返贫情况

撒哈拉以南非洲有超过 4 亿绝对贫困人口，是全球减贫的重点区域。在疫情暴发之前，非洲各国政府对实现可持续发展目标作出了承诺，但这些努力正被疫情影响。《2021 非洲经济报告》指出，2020 年非洲约有 5 500 万人受疫情冲击陷入绝对贫困。西非国家经济共同体预测西非的绝对贫困率 2021 年增加了近 3%。联合国贸发会发布的《2021 年非洲经济发展报告》显示，2021 年非洲贫困人口发生率因疫情而增加 3 个百分点，绝对贫困人口增加 3 700 万人。近期对撒哈拉以南非洲地区新增贫困人口数量的预测有所下调，非洲面对的贫困状况有所好转和减贫压力有所降低。非洲开发银行发布的《2022 年非洲经济展望报告》显示，在疫情的背景下，非洲 2021 年新增 3 000 万绝对贫困人口。

东亚和太平洋地区的减贫进程受疫情影响较大，2020 年全球新增贫困人口的 7% 来自东亚地区[①]。国际货币基金组织估计，2020 年亚太地区经济萎缩约 2.2%，直至 2025 年都无法恢复到疫情之前水平。经济的衰退使得失业人口大量增加，劳动力收入大幅度下降，多维贫困程度加深。

拉丁美洲和加勒比地区的减贫进程受疫情影响严重。2020 年拉丁美洲和加勒比地区经济呈现 120 年以来最大幅度的萎缩，进而导致大量失业人口出现，贫困人口大幅增加。2021 年，该地区新增 1 600 万极端贫困人口[②]，按此趋势该地区极端贫困和多维贫困都将上升到至少 10 年未见的水平。

欧洲及中亚地区 2021 年新增约 430 万贫困人口[③]。根据世界银行的数据，2020 年欧洲及中亚地区的国内生产总值（GDP）降低了约 3.5%。俄乌冲突给该地区未来的减贫事业带来了更多挑战。世界银行预计，2022 年欧洲和中亚地区的经济产出将萎缩 4.1% 以上。

南亚地区约 3 200 万人陷入贫困[④]。南亚地区占全球总人口和贫困人口的 1/4，且人口密度大，经济复苏和减贫工作压力巨大。受疫情影响，该地区减贫进程放缓，未来贫困人口及贫困发生率仍有可能上升。

---

① 依据亚洲开发银行《COVID-19 如何改变世界：统计视角第 3 卷》数据。
② 依据联合国拉丁美洲和加勒比经济委员会数据。
③ 依据世界银行《在欧洲和中亚与贫困作斗争》数据。
④ 依据联合国公开数据。

中东和北非地区新增约 300 万极端贫困人口[①]。根据世界银行统计，该地区 2020 年经济收缩了 3.8%，近两年经济脆弱且不均衡。部分地区政治不稳定，难民流动性较大，地区的脆弱性和冲突也进一步加剧了政府在应对疫情时面临的挑战。

[①] 依据世界银行《贫困与共享繁荣》数据。

第二章

疫情对主要减贫议题实施情况的影响

疫情对全球经济发展带来了冲击，经济增长率的下滑和疫情带来各国政府额外的财政支出严重影响减贫进程。本章讨论疫情大流行背景下主要减贫议题的实施情况。

第一，在疫情影响下，全球经济增速放缓，失业率上升，很多行业尤其是旅游业受到疫情的负面影响严重，且这些负面影响存在区域和国别差异。第二，疫情带来的经济冲击，叠加俄乌冲突、极端天气等因素，粮食减产严重，食品价格急剧上涨，导致全球范围内出现前所未有的粮食危机。第三，大多数国家在应对疫情蔓延时采取了管控措施，使部分家庭面临失业危机，家庭收入锐减，加剧了就业机会不平等和收入不平等。第四，疫情造成医疗资源短缺，医疗挤兑问题普遍存在，医疗资源分布不均衡，疫苗接种率存在巨大的区域差异，贫困国家面临更严峻的医疗危机。第五，疫情导致部分学校关闭，增加了辍学率，进一步恶化了贫困人口尤其是儿童的教育发展机会，远程教育存在巨大的国别和家庭差异，加剧教育不平等现象。

一、全球经济增速放缓，失业率上升

（一）GDP 增速放缓

由于疫情的巨大冲击，全球经济在 2020 年出现了较大幅度的下跌，GDP 增长率为-3.27%[①]（图 2.1），超过了 2008 年全球经济危机的影

[①] 依据世界银行 WDI 数据。

响。在 2021 年，随着新冠疫苗的不断接种，全球各国均采取了积极的财政、货币政策等，2021 年世界经济总体实现了恢复性反弹，GDP 增长率为 5.8%[①]。2020 年和 2021 年两年的平均增速只有 1%。

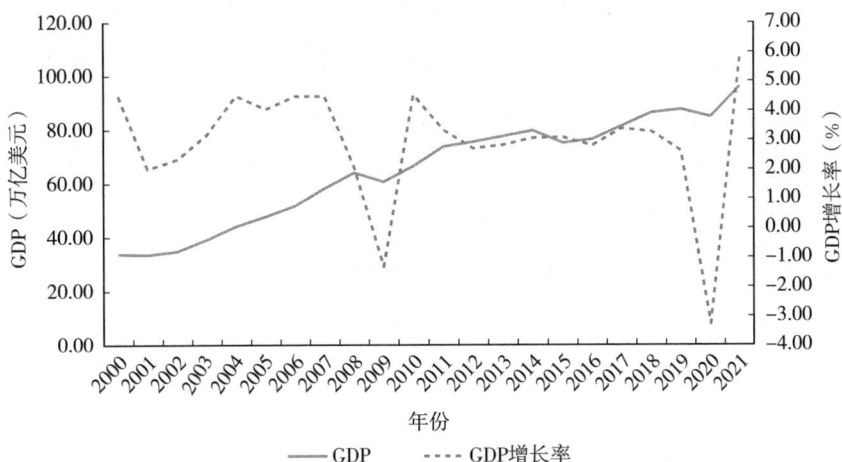

图 2.1 全球 GDP 和 GDP 增长率（2000—2021 年）
数据来源：世界银行 WDI（World Development Indicators）数据。

高收入、中高收入、中低收入和低收入国家之间人均 GDP 差异显著。高收入国家的人均 GDP（美元）是低收入国家的 50 倍及以上，且呈现明显的上涨趋势。中高收入和中低收入国家的人均 GDP 也远远高于低收入国家且都呈现上涨趋势。低收入国家的人均 GDP 呈现先缓慢上升后下降的趋势，从 2000 年的 481.42 美元缓慢上涨至 2010 年的 1 162.63 美元，之后又下降至 2021 年的 749.76 美元。

疫情给不同收入水平国家的人均 GDP 和 GDP 增长率带来的影响程度不同，由于不同收入水平国家的人均 GDP 存在巨大差异，不同收入水平国家抵抗疫情负面冲击的能力不同（图 2.2、图 2.3）。高收入国家和中高收入国家的人均 GDP 在 2020 年下降幅度较大，但在 2021 年迅

---

① 依据世界银行 WDI 数据。

速恢复。其中，高收入国家的人均 GDP 从 2019 年的 44 744.78 美元下降至 2020 年的 43 282.42 美元，在 2021 年迅速恢复至 47 886.78 美元。中高收入国家的人均 GDP 从 2019 年的 9 548.20 美元下降至 2020 年的 9 166.46 美元，在 2021 年迅速恢复至 10 835.52 美元。中低收入国家和低收入国家的人均 GDP 下降幅度和恢复幅度都明显小于中高收入国家和高收入国家。中低收入国家的人均 GDP 从 2019 年的 2 411.33 美元下降至 2020 年的 2 285.71 美元，在 2021 年恢复至 2 581.86 美元。低收入国家的人均 GDP 从 2019 年的 720.47 美元下降至 2020 年的 703.73 美元，在 2021 年恢复至 749.76 美元。

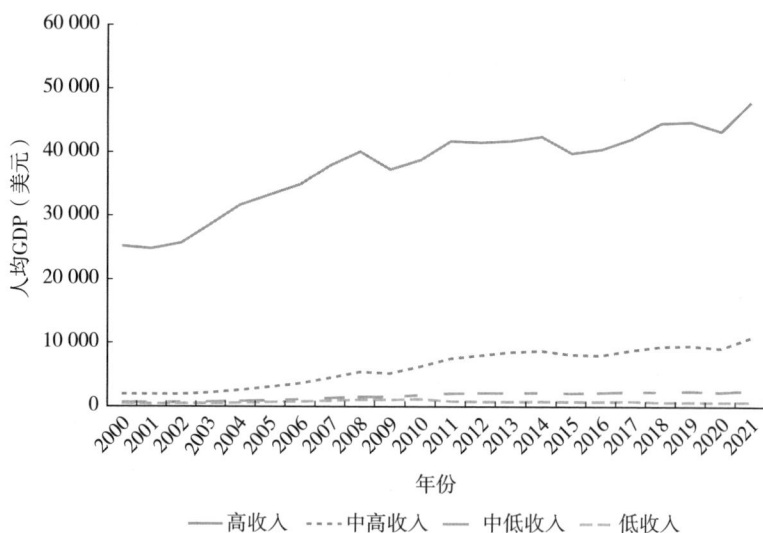

图 2.2　按收入水平的国别人均 GDP（2000—2021 年）

数据来源：世界银行 WDI 数据。

疫情带来的经济冲击存在区域差异。如图 2.4 所示，经济合作与发展组织（OECD）成员国的经济发展最为迅速，其次是东欧和中亚地区，其人均 GDP 从 2000 年的 11 683.49 美元快速上涨至 2021 年的 27 114.28 美元。而撒哈拉以南的非洲地区人均 GDP 上涨幅度极小，从 2000 年的 635.89 美元到 2021 年的 1 645.47 美元，仅上涨了 1 009.58

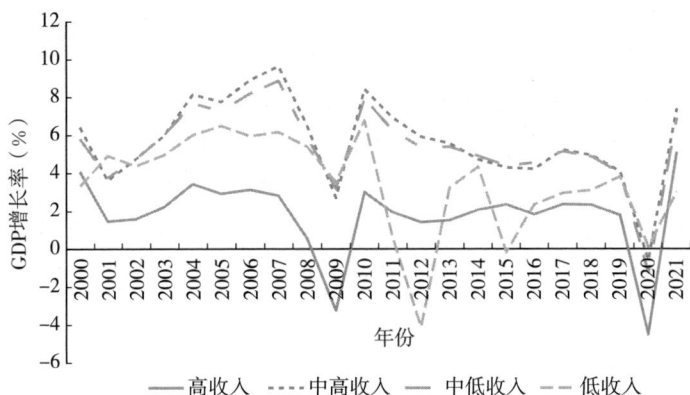

图 2.3　按收入水平的国别 GDP 增长率（2000—2021 年）

数据来源：世界银行 WDI 数据。

美元。尽管各区域经济发展情况不平衡，但疫情使得各区域的人均GDP 和 GDP 增长率都有明显的下降趋势，下降程度与 2008 年经济危机相似。以东亚和南亚地区为例，GDP 增长率从 2007 年的 8.07％下降至2008 年的 5.75％，在 2009 年又再次下降至 3.30％，疫情暴发后，GDP增长率从 2019 年的 5.84％迅速下降至 2020 年的－3.52％（图 2.5）。

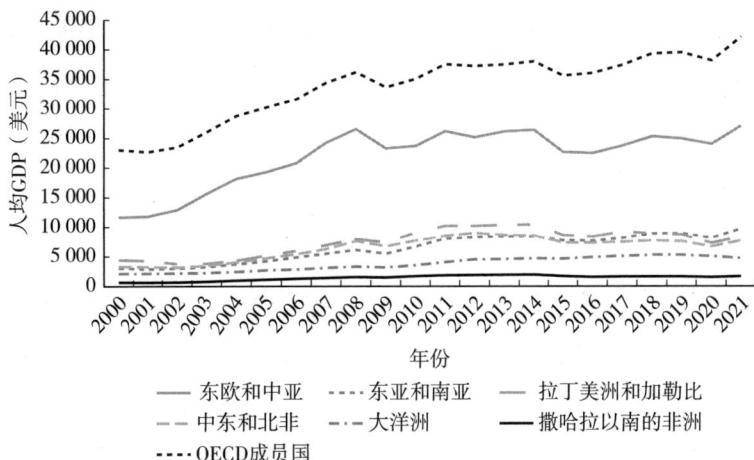

图 2.4　全球各区域人均 GDP（2000—2021 年）

数据来源：世界银行 WDI 数据。

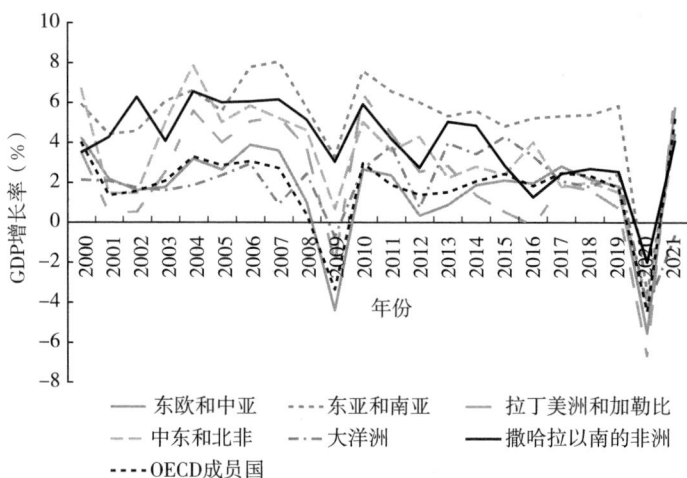

图 2.5　全球各区域 GDP 增长率（2000—2021 年）

数据来源：世界银行 WDI 数据。

（二）失业率上升

疫情暴发之后，全球失业率明显上升。全球失业率从 2019 年的 5.36％ 迅速上升至 2020 年的 6.57％，上涨了 1.21 个百分点，到 2021 年下降至 6.18％[①]，但仍然高于疫情前的水平（图 2.6）。相似的失业率上涨情况还发生在 2008 年的经济危机时期，从 2008 年的 5.41％ 迅速上涨至 2009 年的 6.01％，上涨幅度为 0.6 个百分点，之后又逐步下降，至 2019 年基本恢复到 2008 年之前的失业率水平。可见，此次疫情对失业率的影响与 2008 年经济危机的影响程度相似，甚至更严重。

根据国际劳工组织 2022 年 1 月 17 日发布的《世界就业和社会展望：2022 年趋势》数据，预计 2022 年全球失业人数将达 2.07 亿人，高于 2019 年疫情前 1.86 亿人的失业水平。预计到 2023 年，全球失业人数仍将高于疫情前的水平。报告称，由于许多人离开了劳动力市场，

---

① 依据世界银行 WDI 数据。

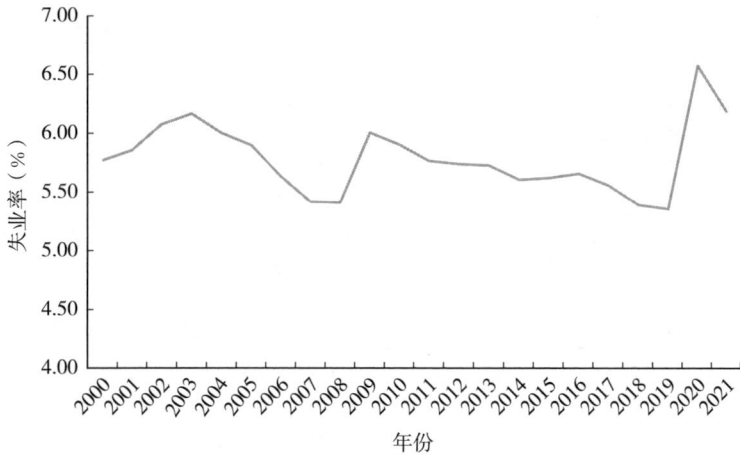

图 2.6　全球失业率（2000—2021 年）

数据来源：世界银行 WDI 数据。

对就业的总体影响远高于这些数字所显示的程度。2022 年，全球劳动参与率预计将比 2019 年低 1.2 个百分点。该报告指出，危机对不同工人群体和国家的影响存在明显差异，这些差异加深了国家内部和国家之间的不平等，并削弱了几乎每个国家的经济、金融和社会结构，无论其处于何种发展阶段。疫情对劳动参与率、家庭收入甚至政治凝聚力，都有潜在的长期影响，这些破坏可能需要数年时间才能修复。

疫情暴发后，各收入水平国家的失业率都有不同程度的上升，到 2021 年之后才有所缓解。总体上，高收入国家的失业率波动比较大，疫情暴发后，中高收入国家和高收入国家的失业率先下降后上涨幅度均较其他国家更大（图 2.7）。

全球各区域的失业率差距较大。失业率最高的区域是东欧和中亚地区，撒哈拉以南的非洲、中东和北非、拉丁美洲和加勒比、OECD 成员国的失业率水平大致相当，东亚和南亚以及大洋洲地区的失业率最低。东欧和中亚地区的失业率是大洋洲地区的 6 倍左右。

疫情暴发后全球各区域的失业率都呈现明显的上升趋势，其中大洋

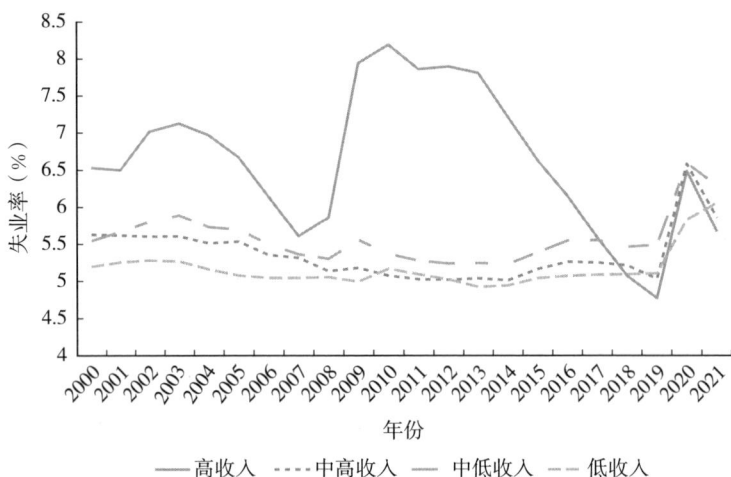

图 2.7 按收入水平的国别失业率（2000—2021 年）

数据来源：世界银行 WDI 数据。

洲的上涨幅度最小，拉丁美洲和加勒比地区的上涨幅度最大。2019—2020 年东欧和中亚地区的失业率上涨了 1.07 个百分点，东亚和南亚地区的失业率上涨了 0.91 个百分点，拉丁美洲和加勒比地区上涨了 2.09 个百分点，中东和北非地区的失业率上涨了 1.29 个百分点，大洋洲地区上涨了 0.39 个百分点，撒哈拉以南的非洲地区上涨了 1 个百分点，OECD 成员国上涨了 1.1 个百分点（图 2.8）。

（三）各行业受到冲击

疫情对各行业带来不同程度的冲击，其中以旅游业、餐饮娱乐业、交通运输及贸易等行业尤为突出。

全球旅游业，尤其是跨境旅游，受到疫情严重冲击。近 20 年以来，全球的旅游业发展迅速，全球跨境旅游支出上涨迅速，从 2000 年的 0.46 万亿美元上涨到了 2019 年的 1.40 万亿美元（图 2.9）。由于疫情的蔓延和各地区防疫政策的限制，国际游客人数增长率呈现负值。根据世界旅游组织（UNWTO）的调研，国际游客人数同比增长率在 2020

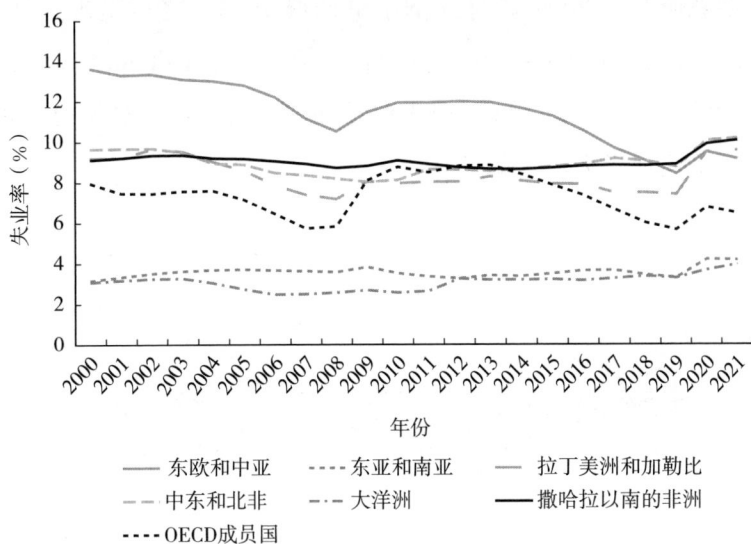

图 2.8　全球各区域失业率（2000—2021 年）

数据来源：世界银行 WDI 数据。

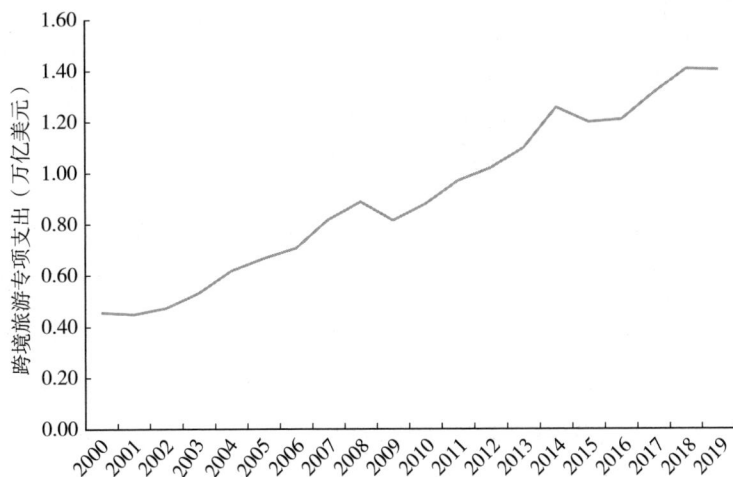

图 2.9　全球跨境旅游专项支出（2000—2019 年）

数据来源：世界银行 WDI 数据。

年出现大幅下降，从 1 月的 2％骤降到 4 月的 −97％，之后呈现缓慢恢复的趋势，但到 2022 年 3 月，国际游客人数同比增长率仍为 −56％。

跨境旅游意愿在 2020 年 3 月跌倒了最低值 10％，之后呈现上涨趋势，到 2021 年底的时候跨境旅游意愿的增长率已经上升到 50％（图 2.10）。可见，尽管人们已经呈现了较强的跨境旅游意愿，但跨境旅游业仍然很低迷，旅游业还没能从疫情的冲击中复苏。

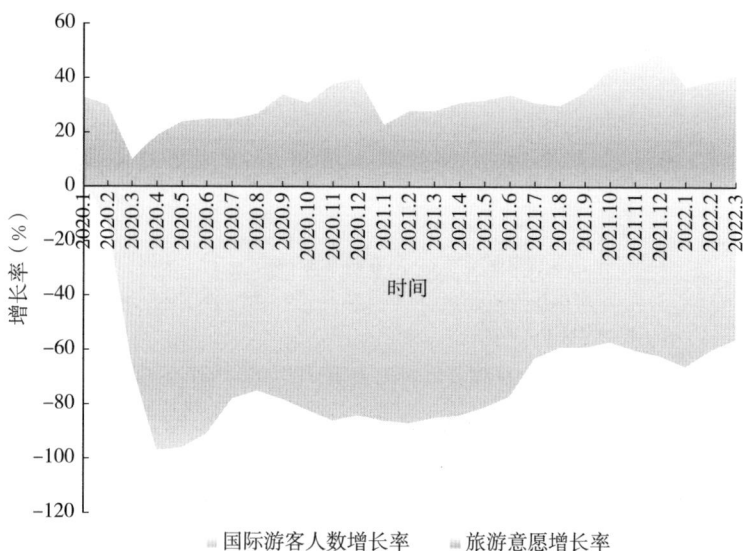

图 2.10　疫情后全球跨境旅游意愿及游客人数情况（2020—2022 年）

数据来源：世界旅游组织（UNWTO）。

为应对疫情对旅游业的冲击，许多国家采取了积极的应对措施。例如，阿尔巴尼亚政府 2020 年为受疫情影响的个人和企业制定了两项支持计划，总规模为 450 亿列克（占 GDP 的 2.8％），包括预算支出和主权担保。2020 年 3 月 19 日，通过一项规范性法案，通过支出再分配、支出增加和支持受影响企业的主权担保，第一个一揽子计划的支持措施支出为 230 亿列克（占 GDP 的 1.4％）[①]。斯里兰卡政府采取税收延期措施，允许所有大公司（银行、电信、公共企业和其他重要企业除外）在 2021 年推迟缴纳 2020 年第二季度和第三季度利润税。旅游业可以将

---

① 依据 UNWTO 组织的 COVID‑19：Measures to Support Travel and Tourism 数据库。

2020 年的税款推迟到 2021 年支付。营业额低于 1.14 亿斯里兰卡克朗的小企业将在 2021 年剩余时间内不缴纳利润税[①]。

二、全球面临前所未有的粮食危机

（一）疫情前，全球农业生产改善

疫情暴发之前，全球农业生产情况得到明显改善。全球谷物产量从 2000 年的 2.052 亿吨上涨至 2018 年的 2.965 亿吨，增长了 0.913 亿吨。农业、林业和渔业增加值占 GDP 的百分比从 2000 年到 2018 年，一直维持在 4% 左右，没有明显变化（图 2.11）。

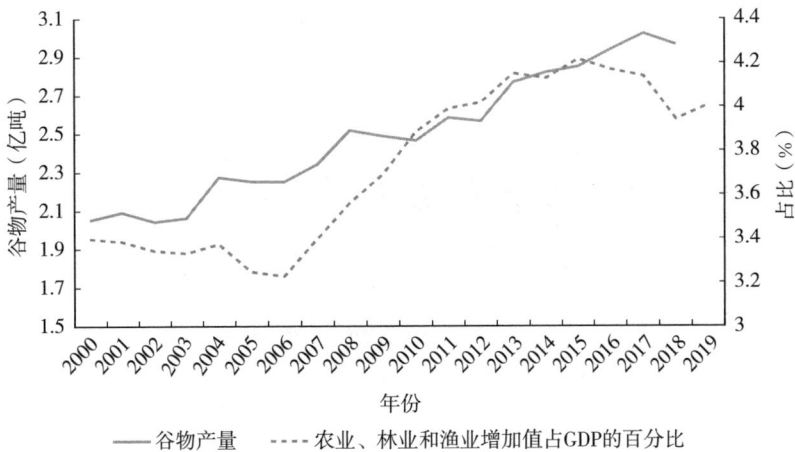

图 2.11 全球农业和粮食生产情况（2000—2019 年）

数据来源：世界银行 WDI 数据。

不同收入水平国家的人均粮食产量差距较大。高收入国家的人均粮食产量是低收入国家的 6 倍及以上，中高收入和中低收入国家的人均粮食产量也远远高于低收入国家。人均粮食产量上涨幅度较小，高收入国

① 依据 UNWTO 组织的 COVID-19：Measures to Support Travel and Tourism 数据库。

家、中高收入国家、中低收入国家 2000 年到 2018 年的上涨幅度均在 0.1 吨/人左右，低收入国家的人均粮食产量的上涨幅度最小，从 2000 年的 0.1 吨/人缓慢上涨至 2018 年的 0.15 吨/人，整体上涨幅度远远小于其他收入水平的国家（图 2.12）。

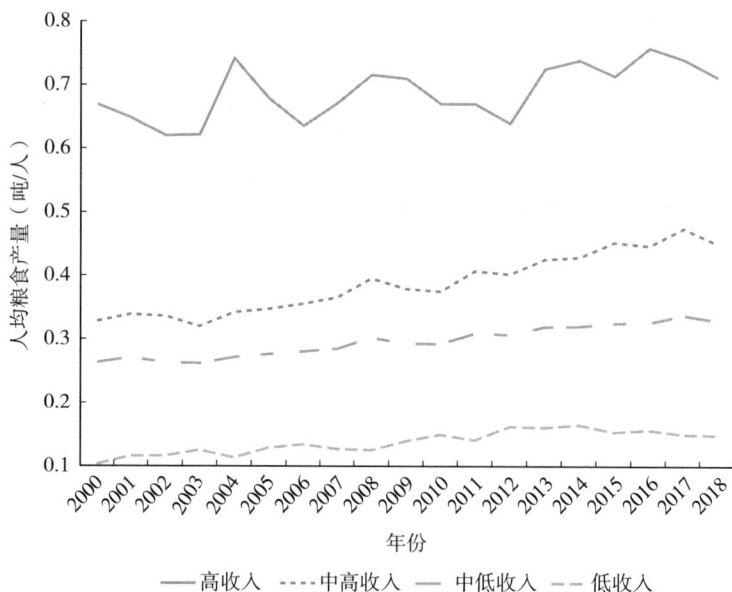

图 2.12　按收入水平的国别人均粮食产量（2000—2018 年）

数据来源：世界银行 WDI 数据。

不同区域国家的人均粮食产量差距较大，且呈现不同的发展趋势。OECD 成员国的人均粮食产量最高，撒哈拉以南的非洲地区的人均粮食产量最少，仅是 OECD 成员国的 1/6，且近些年没有明显的改善趋势，从 2000 年到 2018 年人均粮食产量仅上涨了 0.02 吨/人。拉丁美洲和加勒比地区的人均粮食产量呈现较为明显的改善趋势，从 2000 年的 0.26 吨/人上涨到了 2018 年的 0.39 吨/人。其他各地区的人均粮食产量发展都较平稳，没有明显的改善趋势。中东和北非地区的人均粮食产量还有略微的下降趋势，从 2000 年的 0.14 吨/人缓慢上涨至 2006 年的 0.21 吨/人，之后下降至 2007 年的 0.19 吨/人后保持平稳（图 2.13）。

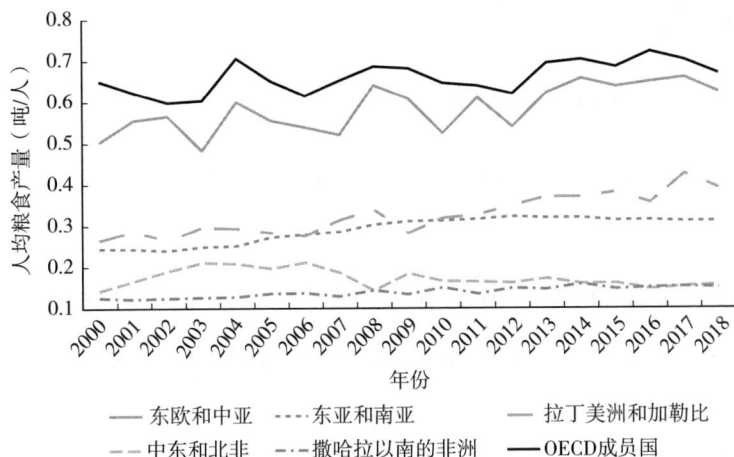

图 2.13　全球各区域的人均粮食产量（2000—2018 年）

数据来源：世界银行 WDI 数据。

（二）疫情后，全球粮食危机恶化

联合国、欧盟、政府和非政府组织组建的全球应对粮食危机网络 5 月发布《2022 年全球粮食危机报告》，将粮食不安全问题按照从轻到重划分为 5 个等级，IPC Phase 1～5 分别对应轻微（None/Minimal）、有压力（Stressed）、危机（Crisis）、紧急（Emergency）和灾难（Catastrophe/Famine）级别。根据该报告的评估，2021 年，在非洲中部和南部地区的 12 个国家，有 4 556 万人面临粮食危机（IPC Phase 3及以上）；在非洲东部地区的 9 个国家，有 4 359 万人面临粮食危机；在非洲西部和撒哈拉沙漠的萨赫勒地区的 13 个国家，有 3 040 万人面临粮食危机；在拉丁美洲和加勒比地区的 5 个国家，有 1 276 万人面临粮食危机；在欧亚大陆地区的 11 个国家，有 6 054 万人面临粮食危机（图 2.14）。

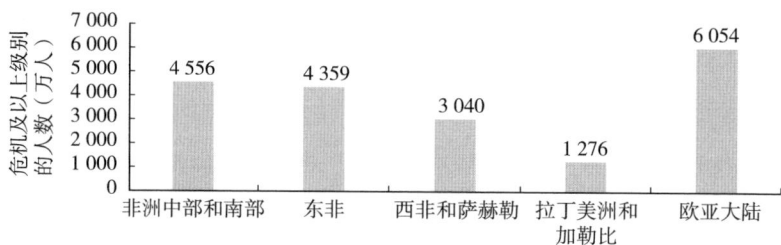

图 2.14　重点区域粮食危机情况

数据来源:《2022 年全球粮食危机报告》。

在报告统计的 35 个国家中,共有 785 万人参与了调查,其中有 1.85 亿人处于 IPC Phase 3 及以上的粮食危机等级。这些国家处于 IPC Phase 3 及以上的人口比例的算术平均值为 29.5%,以调查人数为权重后计算的平均值为 23.6%。其中孟加拉国(科克斯巴扎尔)人口处于 IPC Phase 3 及以上的占比已经达到 84%,南苏丹为 60%。IPC Phase 3 及以上的人口最多的国家包括刚果(2 726 万人)、阿富汗(2 281 万人)等。

俄乌冲突进一步恶化全球的粮食危机。俄罗斯和乌克兰在全球粮食生产和供应中发挥着重要作用,其中俄罗斯是世界上最大的小麦出口国,乌克兰则位居第五,两国合计占全球大麦供应的 19%、小麦供应的 14% 和玉米供应的 4%,占全球谷物出口量的 1/3 以上。截至目前,约有 50 个国家依赖从俄罗斯和乌克兰进口来保障本国 30% 或以上的小麦供应,多数为北非、亚洲和近东区域的最不发达国家或低收入缺粮国[①]。乌克兰和俄罗斯粮食生产供应链与物流中断以及对俄罗斯的出口限制措施,将对全球粮食安全产生重大影响,特别是正在努力应对疫情和气候变化的发展中国家。

南非作为石油净进口国,持续的俄乌冲突对燃料价格产生了较大影

---

① 数据来源:中国国际扶贫中心《中外乡村发展信息摘要》第 12 期。

响，推高了食品价格，导致通货膨胀，给南非人生活质量和生活成本带来严重影响。中东和非洲地区 40％ 的小麦和玉米来自乌克兰的出口，该地区粮食进一步短缺或价格上涨可能会使数百万人陷入贫困。非洲开发银行行长表示，从俄罗斯和乌克兰进口的小麦、玉米和其他谷物的突然短缺可能会引发非洲内乱[①]。在索马里，由于燃料价格上涨，电力和运输成本飙升，有 380 万人已经遭遇严重粮食危机。在埃及，85％ 的小麦供应和 73％ 的葵花籽油依赖俄罗斯和乌克兰，而目前小麦和葵花籽油的价格已经大幅上涨[②]。在黎巴嫩，高达 80％ 的小麦从俄罗斯和乌克兰进口，有 22％ 的家庭处于粮食危机中[③]。也门 30％ 的小麦进口来自乌克兰，目前有 1 740 万人需要粮食援助，且状况可能会进一步恶化，粮食危机已达历史最高水平[④]。在喀麦隆，从乌克兰和俄罗斯进口的小麦受影响减少约 60％，造成小麦短缺，面包价格上涨 40％[⑤]。尼日利亚东北部地区的粮食危机和营养不良状况正在恶化，越来越多的尼日利亚家庭日益脆弱，被迫接受包括童工和早婚在内的消极应对机制。在尼日尔、乍得、布基纳法索和马里等国，多达一半的人口生活在绝对贫困之中，俄乌冲突阻碍其粮食进口、加重贸易壁垒，加剧高度脆弱地区的粮食危机。

联合国粮食及农业组织估算显示，俄乌冲突可能导致未来四年内全球粮食难民新增 1 310 万人[⑥]。世界银行《大宗商品市场展望》报告显示，俄乌冲突对食品价格的影响将持续较长时间，预计在 2022 年内小麦价格将上涨 40％ 以上，而食品和能源价格上涨会阻碍减贫进展，加剧全球通货膨胀。

针对这一情况，多个国际组织就粮食安全问题共同采取紧急协调行动。世界银行、国际货币基金组织、联合国世界粮食计划署和世贸组织

---

① ② ③ ④　数据来源：中国国际扶贫中心《中外乡村发展信息摘要》第 12 期。
⑤　　数据来源：中国国际扶贫中心《中外乡村发展信息摘要》第 13 期。
⑥　　数据来源：中国国际扶贫中心《中外乡村发展信息摘要》第 17 期。

的负责人发表联合声明，敦促世界各国采取协调行动，帮助脆弱国家应对日益严重的粮食危机。联合国粮食及农业组织将设立进口融资基金，以帮助贫困国家应对粮价飙升的问题。

同时，多个国家和地区也开始采取紧急措施。喀麦隆政府已开始鼓励用本国的木薯和山药等原料作为小麦的替代品，以缓解从俄罗斯和乌克兰进口的小麦供应不足的问题。肯尼亚寻找小麦替代供应商，以填补俄乌战争带来的粮食需求缺口。加拿大启动地方粮食基础设施基金，并在未来两年内为新阶段的开展提供高达 2 000 万加元（约合 1.02 亿元人民币）的资金，以支持社区和非营利组织制定长期解决方案，应对粮食安全带来的挑战①。津巴布韦政府转向加拿大和其他小麦出口国进口小麦，以满足国内粮食需求。巴西政府组织召开会议，探讨俄乌冲突所引发的危机，呼吁加强农业生产和粮食安全，避免粮食短缺，缓解粮食价格上涨。厄瓜多尔举行了联合国粮食及农业组织第 37 届拉丁美洲和加勒比区域会议，重点关注健康饮食、农村发展和可持续农业，并在厄瓜多尔建立了一个新的家庭农业技术平台，以促进生产系统的创新。美洲农业合作研究所为帮助各国度过这一不稳定时期，拟启动新的农业食品系统公共政策观察站，帮助加强农业粮食系统，提升抵御未来风险的能力，提供能够帮助美洲国家发展的建议。非洲开发银行已经为非洲制定了一项 10 亿美元的紧急粮食生产计划，以减轻俄乌冲突的影响。该计划还将为 2 000 万农民提供生产小麦和大米的技术，预计将生产 3 000 万吨粮食，价值 120 亿美元②。此外，非洲也会加快创新和合作，推行数字化和非洲大陆自由贸易区，带动农业创新，促进农业系统的发展。加拿大、科特迪瓦等国家也正在致力于投资农业创新与技术，以应对农业挑战。

---

① 数据来源：中国国际扶贫中心《中外乡村发展信息摘要》第 13 期。
② 数据来源：中国国际扶贫中心《中外乡村发展信息摘要》第 15 期。

（三）家庭面临更严重的食品安全危机

2022 年 4 月更新的世界银行于疫情暴发后开展的高频电话调查数据——世界银行新冠疫情家庭调查数据库（Harmonized COVID‑19 Household Monitoring Surveys）的相关变量统计结果显示，全球人口因缺乏食物而整天不进食或饥饿情况较罕见，疫情防控期间可以保证基本饮食，保证主食供给。然而，在中东及北非国家与撒哈拉以南非洲国家，家庭食物匮乏情况比较严重，高达 60% 左右的人口因为缺乏金钱等资源而不能吃到健康营养或家庭偏好的食物（图 2.15）。

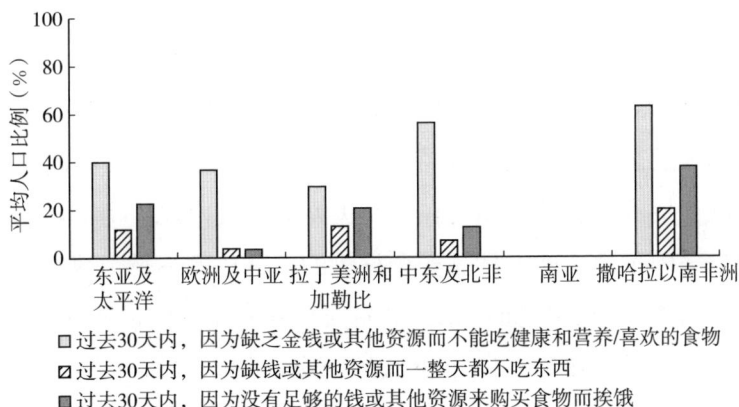

□ 过去30天内，因为缺乏金钱或其他资源而不能吃健康和营养/喜欢的食物
◨ 过去30天内，因为缺钱或其他资源而一整天都不吃东西
■ 过去30天内，因为没有足够的钱或其他资源来购买食物而挨饿

图 2.15　重点区域家庭食品安全情况

数据来源：世界银行新冠疫情家庭调查数据库。

不同收入水平国家的统计分析显示，贫困率越高的地区，疫情带来的家庭食品安全问题越严重。收入水平越低的国家，在过去 30 天内因为缺钱或其他资源而营养不足甚至饥饿的家庭比例越高，而高收入国家面临食品安全方面危机的家庭比例较小。低收入国家平均约 60.57% 的居民近期面临着食物营养不足或不健康，33.6% 的居民因缺乏食物而挨饿，21.12% 的居民存在一整天没有进食的情况（图 2.16）。可见，贫困使得疫情中的低收入国家面临更严峻的食品安全家庭危机。

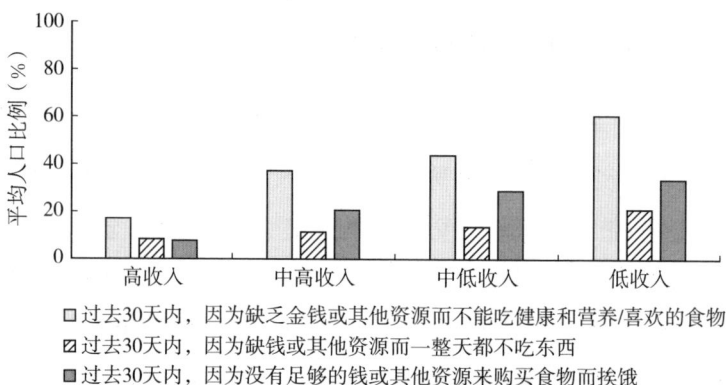

图 2.16　不同收入水平国家的家庭食品安全情况

数据来源：世界银行新冠疫情家庭调查数据库。

疫情发生以来，在贫困发生率较高的国家，因缺钱或缺乏资源不能吃到健康/营养/喜欢的食物的家庭比例较高。图 2.17 为贫困与疫情发生以来因缺乏金钱或其他资源持续 30 天未能获得健康营养或偏好的食物的家庭比例的联合分布图。在 1.9 美元标准贫困发生率下，大多数低贫困发生率国家面临此类食品安全危机的家庭比例不足半数，并集中分布于 30％左右的比例区间，家庭食品安全并未受到明显影响；黎巴嫩、津巴布韦等国虽然作为贫困率较低的国家，其国内却有 70％以上的家庭在 30 天内未能获得满意的食物，其食品安全受到疫情的严重威胁。而在高贫困发生率国家中，大多数国家有过半的家庭面临不能获得健康营养或理想食物的危机，且集中于 70％以上的区间。可见，在疫情流行期间，贫困使得高贫困发生率国家内的家庭面临更普遍、严重的食品安全危机，贫困地区的人口在此期间更难获得足够营养或符合偏好的食物。

三、家庭面临更大的失业和收入锐减的危机

（一）国民收入和消费支出下降

全球的国民收入锐减，消费支出下降。2019 年之后全球国民净收

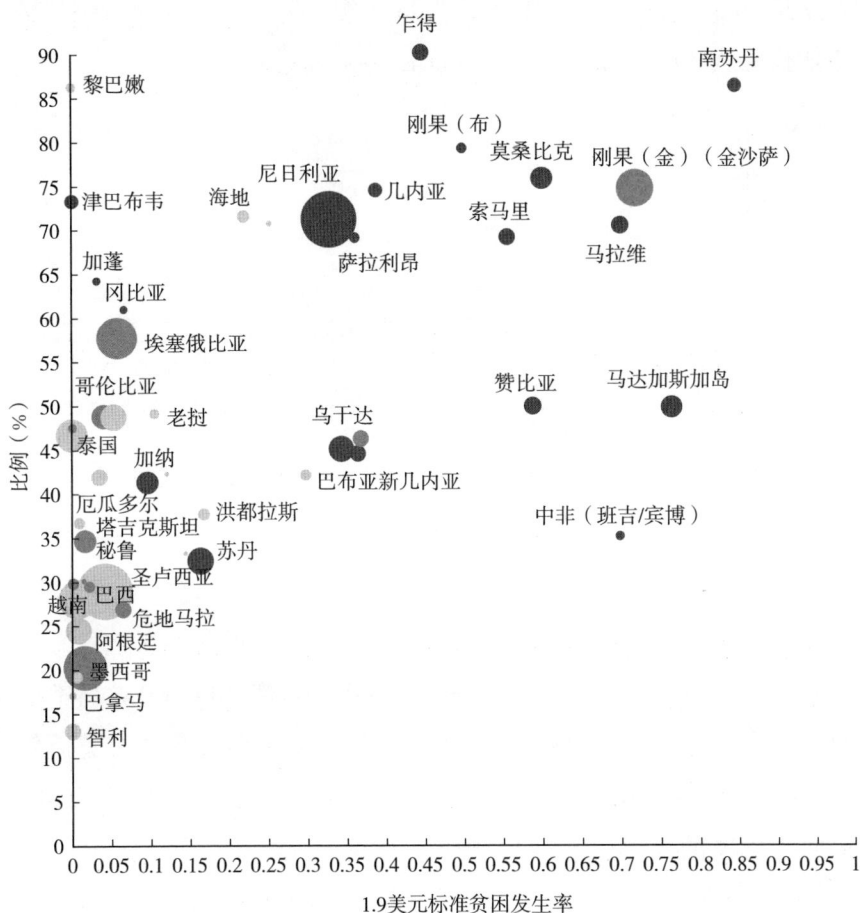

图 2.17 疫情发生以来因缺钱或缺乏资源不能吃到健康/营养/

喜欢的食物的家庭比例分布

数据来源：世界银行新冠疫情家庭调查数据库。

注：圆点大小与该国人口成正比。

入和消费支出水平呈现明显的下降趋势。如图 2.18 所示，全球最终消费支出年增长率从 2018 年的 1.75％下降至 2019 年的－2.83％，下降幅度高达 4.58 个百分点。同时，全球净国民收入年增长百分比也出现明显下降，从 2019 年的 2.54％大幅度下降至 2020 年的－4.46％。如此明显的下降趋势仅在 2008 年经济危机出现过，彼时，全球净国民收入年增长率从 2007 年的 5.03％骤降到 2008 年的－0.31％，全球最终消费支出年增长率从 2007 年的 9.87％骤降至 2008 年的－2.55％。

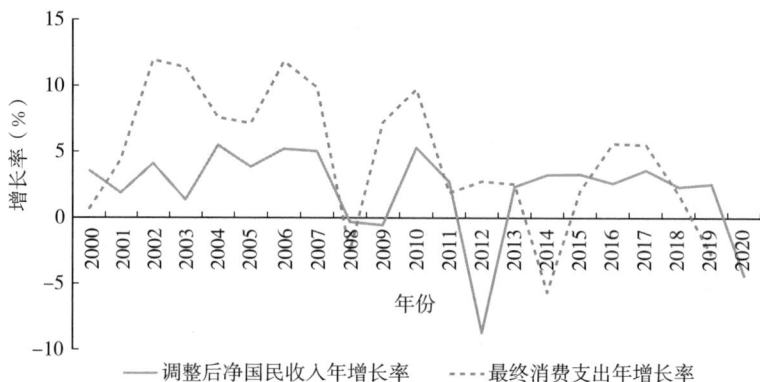

图 2.18　全球国民收入和消费支出增长率（2000—2020 年）

数据来源：世界银行 WDI 数据。

　　疫情对各个收入水平国家的收入状况都有很强的负面影响且影响大小差距不大。各收入水平国家的净国民收入增长率在疫情开始后都呈现明显的下降趋势，且下降幅度相似。高收入国家的国民收入增长率从 2019 年的 1.82％下降到 2020 年的－5.27％，下降了 7.09 个百分点；中高收入国家的国民收入增长率从 2019 年的 3.51％下降到 2020 年的－2.74％，下降了 6.25 个百分点；中低收入国家的国民收入增长率从 2019 年的 3.70％下降到 2020 年的－3.16％，下降了 6.86 个百分点（图 2.19）。各收入水平国家的最终消费支出年增长率在疫情开始后都呈现明显的下降趋势。中高收入国家和中低收入国家的下降趋势大于低收入国家和高收入国家的下降趋势。其中，高收入国家的最终消费支出年增长率从 2018 年的 0.89％下降到 2019 年的－2.07％，下降了 2.96 个百分点；中高收入国家的最终消费支出年增长率从 2018 年的 2.69％下降到 2019 年的－4.96％，下降了 7.65 个百分点；中低收入国家的最终消费支出年增长率从 2018 年的 3.51％下降到 2019 年的－4.35％，下降了 7.86 个百分点；低收入国家的最终消费支出年增长率从 2018 年的

5.96%下降到 2019 年的 1.11%，下降了 4.85 个百分点（图 2.20）。

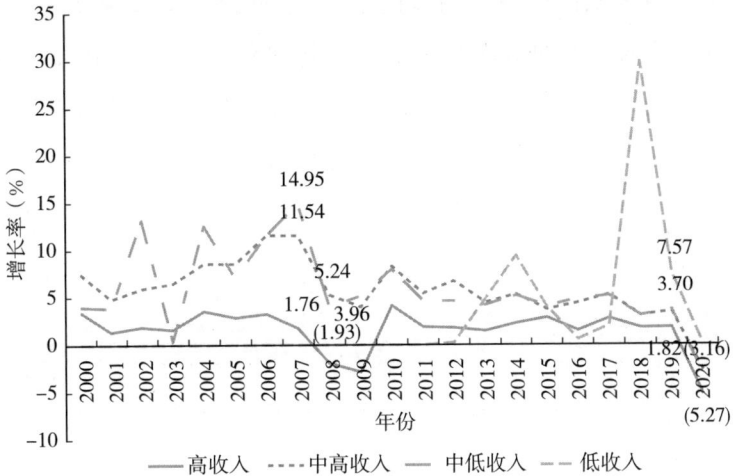

图 2.19 按收入水平的国民收入增长率（2000—2020 年）

数据来源：世界银行 WDI 数据。

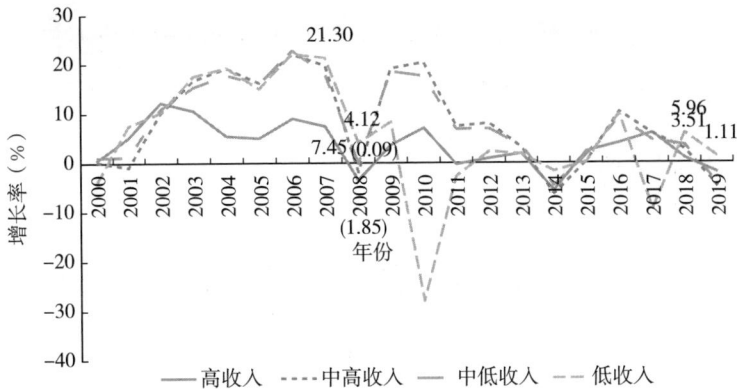

图 2.20 按收入水平的消费支出增长率（2000—2019 年）

数据来源：世界银行 WDI 数据。

　　疫情对各个区域的国民收入增长率有明显的负面影响，其负面影响具有区域一致性，但疫情对各个区域的消费支出增长率的影响呈现显著的区域差异。如图 2.21 所示，疫情开始之前全球各个区域的国民收入增长率趋势各不相同，同一时期有上涨趋势也有下降趋势，但疫情开始之后，全球各区域都出现了明显的下降趋势。图 2.22 显示，各个区域的消费支出增长率呈现显著的差异。具体来说，2019 年到 2020 年东欧和中亚地区的国民收入增长率下降了 10.23%，最终消费支出年增长率下降了 1.5%。东亚和南亚地区的国民收入增长率下降了 13.23%，最

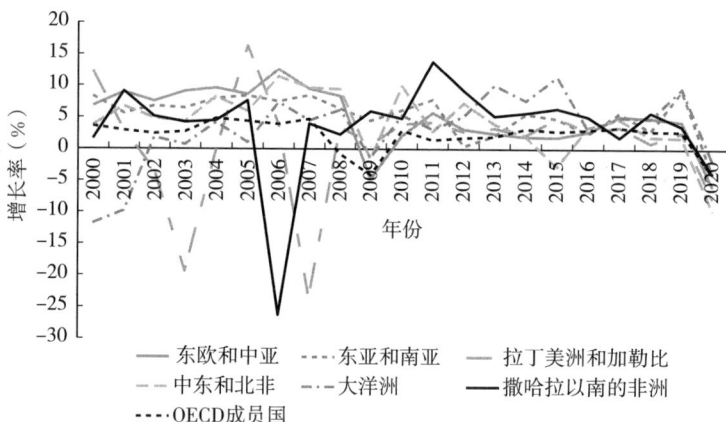

图 2.21　全球各区域的国民收入增长率（2000—2020 年）

数据来源：世界银行 WDI 数据。

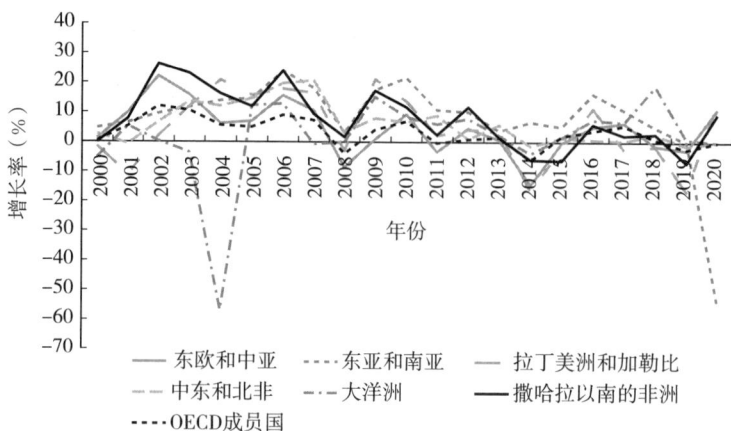

图 2.22　全球各区域的消费支出增长率（2000—2020 年）

数据来源：世界银行 WDI 数据。

终消费支出年增长率下降了 4.9%。拉丁美洲和加勒比地区的国民收入增长率下降了 10.43%，最终消费支出年增长率下降了 14.93%。中东和北非地区的国民收入增长率下降了 11.5%，最终消费支出年增长率下降了 4%。大洋洲地区国民收入增长率下降了 11.51%，最终消费支出年增长率下降了 17.91%。撒哈拉以南的非洲地区国民收入增长率下降了 7.52%，最终消费支出年增长率下降了 9.61%。OECD 成员国的国民收入增长率下降了 6.88%，最终消费支出年增长率下降了 3.3%。

（二）就业危机上升

不仅面临家庭成员失业的危机，而且部分就业人员没有收到或仅收到部分工资。世界银行新冠疫情家庭调查数据库的统计结果显示，疫情对于劳动力就业的影响颇大，全球平均约 1/3 的人口在疫情暴发后停止工作，面临失业危机。疫情暴发后停止工作的发生比例存在较大的区域差异，拉丁美洲和加勒比地区因疫情停止工作的人口比例最高，高达37.73%，中东及北非区域为 30.09%，其余地区停止工作的居民比例居于 20%~30%（图 2.23）。

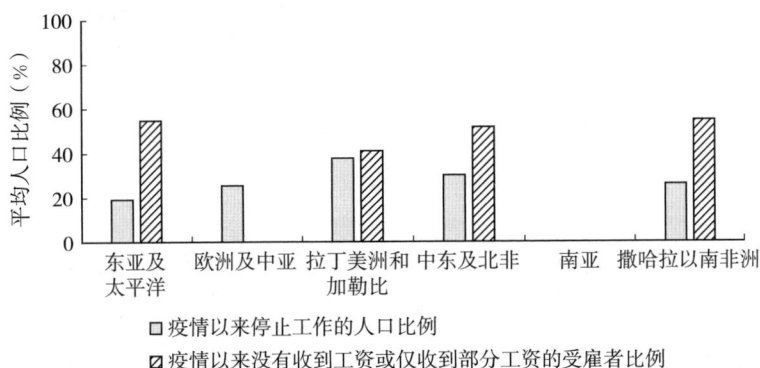

图 2.23　重点区域停止工作和未得到全额工资情况

数据来源：世界银行新冠疫情家庭调查数据库。

工资薪酬是大多数家庭的主要收入来源，但疫情暴发后，很多就业人员没有收到或仅收到部分工资。以东亚及太平洋地区为例,受雇者工资部分发放比例最高,高达 54.67%,可见,尽管东亚及太平洋地区疫情暴发以来停止工作人口比例最小,但过半劳动力工资被减少或延迟发放。而且,疫情暴发以来,除欧洲及中亚地区之外,在其他地区均有超过 40%的受雇者没有收到工资或仅收到部分工资。可见,在全球范围内,减少或延迟发放雇员工资是企业应对经济损失的普遍方法。

不同收入水平国家的统计分析显示,中等偏低收入水平国家的人口就业受疫情影响更明显,约 31.12%的受雇者停止工作,约 19.03%的人口所在家庭中至少有一名成员不能如常参与工作。高收入水平国家停止工作的人口比例或受疫情影响而不能如常工作的家庭比例均最小(图 2.24)。可见,收入水平越低的国家居民就业受疫情影响越为严峻。

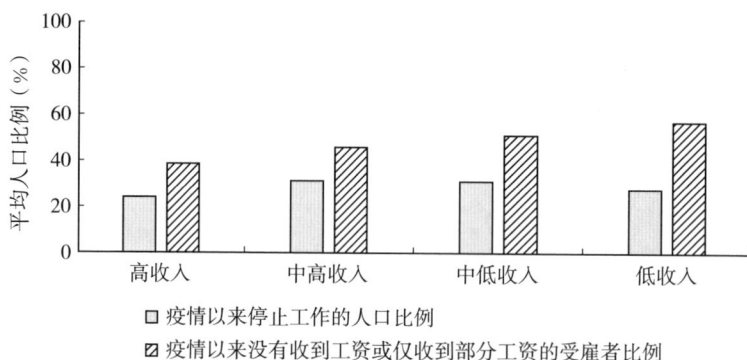

图 2.24　不同收入水平国家停止工作和未得到全额工资情况

数据来源:世界银行新冠疫情家庭调查数据库。

低收入水平国家工资部分发放或未发放的比例更高,家庭总收入减少的比例也更高,可见贫困使得低收入国家的家庭在劳动收入方面受疫情的消极影响更为严峻。另外,各收入水平国家群体平均都有 40%以上的家庭收入减少,30%以上的受雇者不能收到全额工资,疫情为全球各收入水平国家带来了不同程度的家庭收入危机。

贫困发生率和疫情以来停止工作的人口比例的联合分布显示

（图 2.25），贫困率高的国家自疫情以来停止工作的人口比例较低。贫困率较低的国家自疫情暴发以来停止工作的人口比例集中于 $15\%\sim45\%$。虽然在大多数低贫困率国家内过半居民未受疫情影响停止工作，但玻利维亚、突尼斯等国也存在超 2/3 的居民在疫情暴发后停止了当前工作的情况。相比之下，高贫困率国家停止工作的人口比例较低，如马

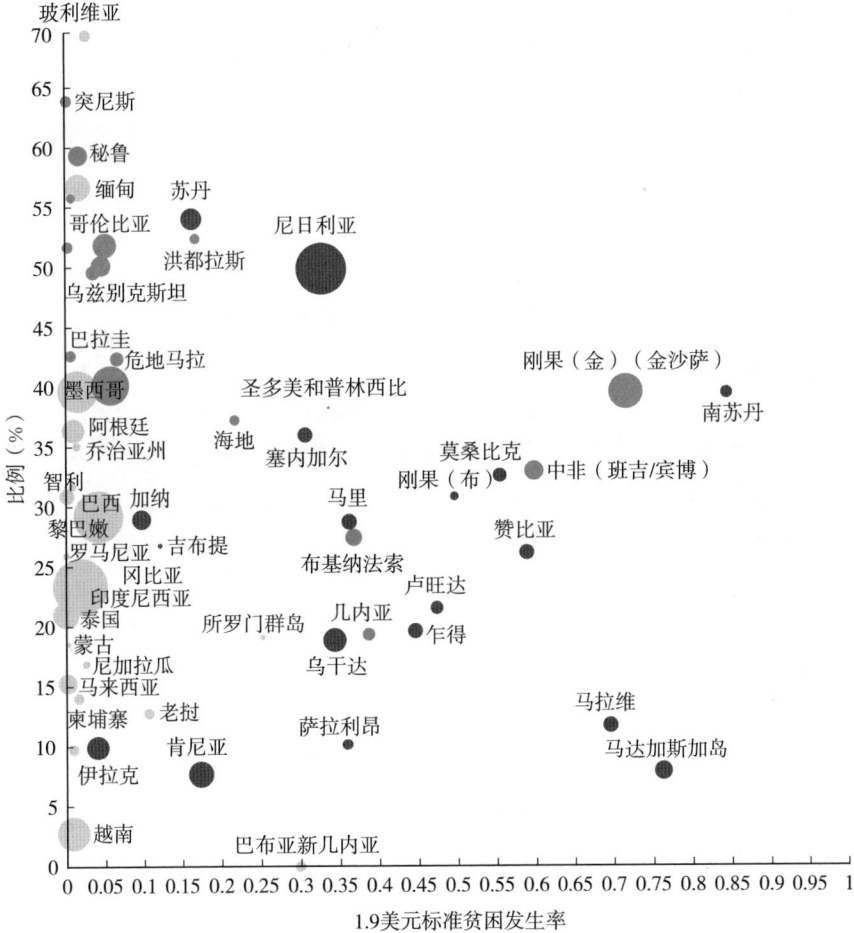

图 2.25　疫情发生以来停止工作的人口比例分布

数据来源：世界银行新冠疫情家庭调查数据库。

注：圆点大小与该国人口成正比。

拉维和马达加斯加岛仅约 10% 的居民在疫情暴发后停止工作。疫情暴发之后，高贫困率国家中居民更少因为疫情停止当前工作可能与这些国家本身就业率低和疫情严重程度低等原因有关。

但是，贫困率高的国家自疫情以来收到部分工资或没有收到工资的雇员比例更高。图 2.26 为 1.9 美元标准贫困率和各国自疫情以来收到部分工资或没有收到工资的人口比例的联合分布图。在 1.9 美元标准下，

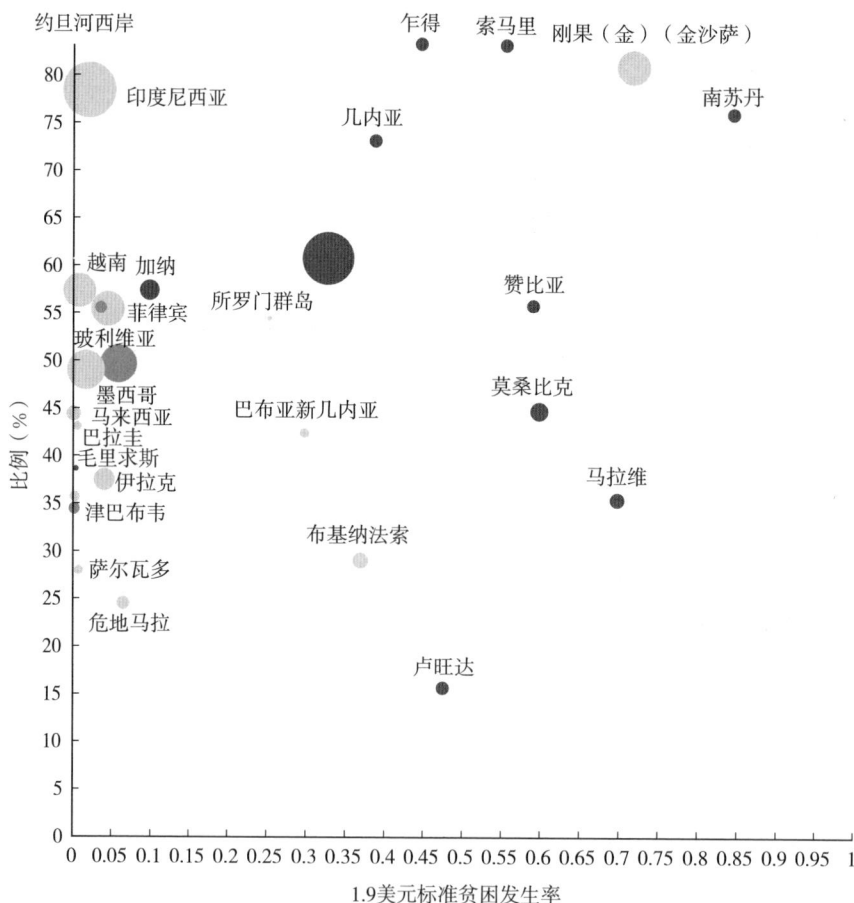

图 2.26 疫情发生以来收到部分工资或没有收到工资的人口比例分布

数据来源：世界银行新冠疫情家庭调查数据库。

注：圆点大小与该国人口成正比。

除印度尼西亚有近 80％的受雇者不能获得全额工资外，大多数贫困发生率较低的国家自疫情以来收到部分工资或未收到工资的居民比例分布在 40％～60％；而贫困发生率高于 70％的国家均有 75％以上的受雇者不能全额获取工资。可见，随着贫困发生率的增加，各国在疫情暴发后只能领取部分或不能领取工资的人口比例更大，贫困率高的国家其居民更易受疫情影响不能如常全额领取工资，面临更严峻的家庭收入危机。

（三）家庭收入与商品消费下降

全球范围内较大比例家庭总收入降低，商品消费下降。世界银行新冠疫情家庭调查数据库的统计结果显示，在家庭收入方面，撒哈拉以南非洲国家受疫情影响最严重，家庭总收入减少的人口比例在全球最高，约为 74.03％；东亚及太平洋地区此比例为 65.95％，位居第二；欧洲及中亚地区总收入减少的人口比例最小（图 2.27）。另外，在全球统计范围内各大洲国家均有过半居民的家庭总收入呈现下降趋势。

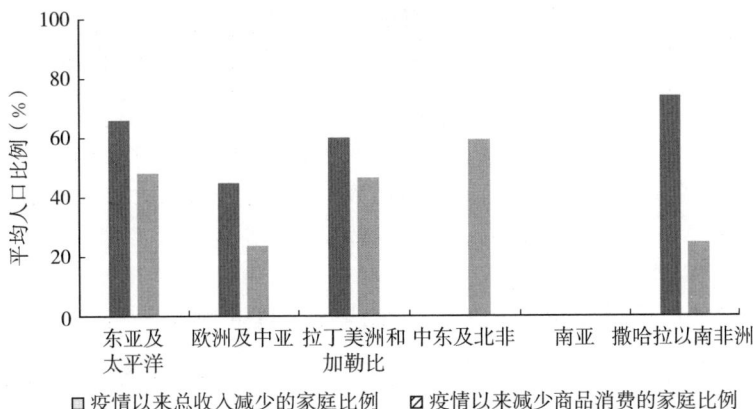

图 2.27　重点区域家庭总收入减少和商品消费减少的情况

数据来源：世界银行新冠疫情家庭调查数据库。

在商品消费方面，中东及北非地区减少商品消费的家庭比例过半，拉丁美洲和加勒比地区、东亚及太平洋地区的国家减少商品消费的家庭比例近半，欧洲及中亚地区和南非地区的国家仅有约 24％ 的家庭减少商品消费。

不同收入水平国家的统计分析显示，收入越低的国家，疫情暴发以来总收入减少的家庭比例越高。高收入国家疫情暴发以来总收入减少的家庭比例为 45％，而低收入国家总收入减少的家庭比例高达 72％。减少商品消费的家庭比例呈现不一样的特征，中高收入国家比其他收入组国家疫情暴发以来缩减商品消费家庭比例更高，为 48％，而低收入国家减少商品消费的家庭比例最小，为 23％（图 2.28）。可能的原因是低收入国家的家庭商品消费能力本身较弱，更多的是必需品的消费，减少商品消费的空间较小。

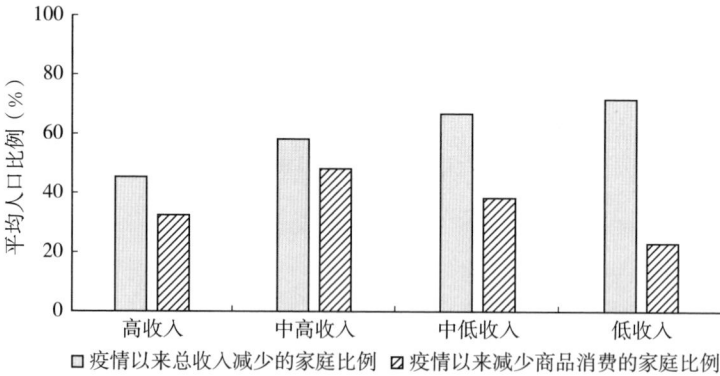

图 2.28　不同收入国家家庭总收入减少和商品消费减少的情况

数据来源：世界银行新冠疫情家庭调查数据库。

尽管疫情使得全球家庭总收入减少成为普遍现象，但是高贫困发生率国家家庭总收入减少的发生率更高。图 2.29 为 1.9 美元标准贫困发生率和疫情暴发以来总收入减少的家庭比例的联合分布。数据显示，在低贫困发生率国家群体中，大多数国家有 40％ 以上的家庭自疫情出现以来家庭收入减少，在冈比亚、秘鲁、柬埔寨国内甚至有 80％ 以上家庭面临收入减少的家庭危机。在高贫困发生率国家群体中，大部分国家面临着更严峻的家庭收入危机，在这些国家内均有超 60％ 的家庭总收入减少。

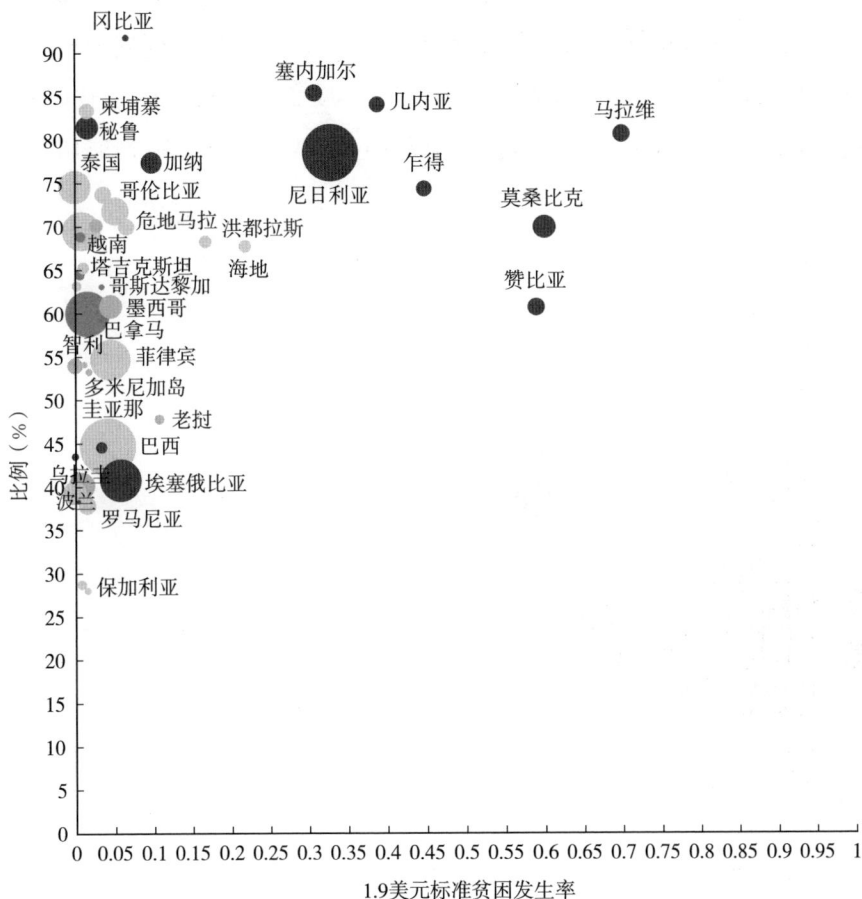

图 2.29　疫情暴发以来总收入减少的家庭比例

数据来源：世界银行新冠疫情家庭调查数据库。

注：圆点大小与该国人口成正比。

　　贫困发生率和疫情暴发以来减少商品消费的家庭比例的联合分布显示，在疫情流行期间，贫困发生率居中的国家，缩减商品消费的家庭比例最小，而低贫困发生率国家和极高贫困发生率国家此比例分布差异较大。如图 2.30 所示，在 1.9 美元标准下，低贫困发生率国家内的家庭商品消费变化情况各有不同，如埃塞俄比亚、波兰等国内减少了商品消费的家庭不足 10%，而泰国、菲律宾等国内有 70% 以上的家庭缩减了商品消费。这种差异或与家庭收入下降有关，如柬埔寨同时有 80% 以上的家庭面临收入危机和约 75% 的家庭缩减商品消费。在高贫困发生率国家中，刚果（金）、中非等国内有超过半数的家庭受疫情影响缩减

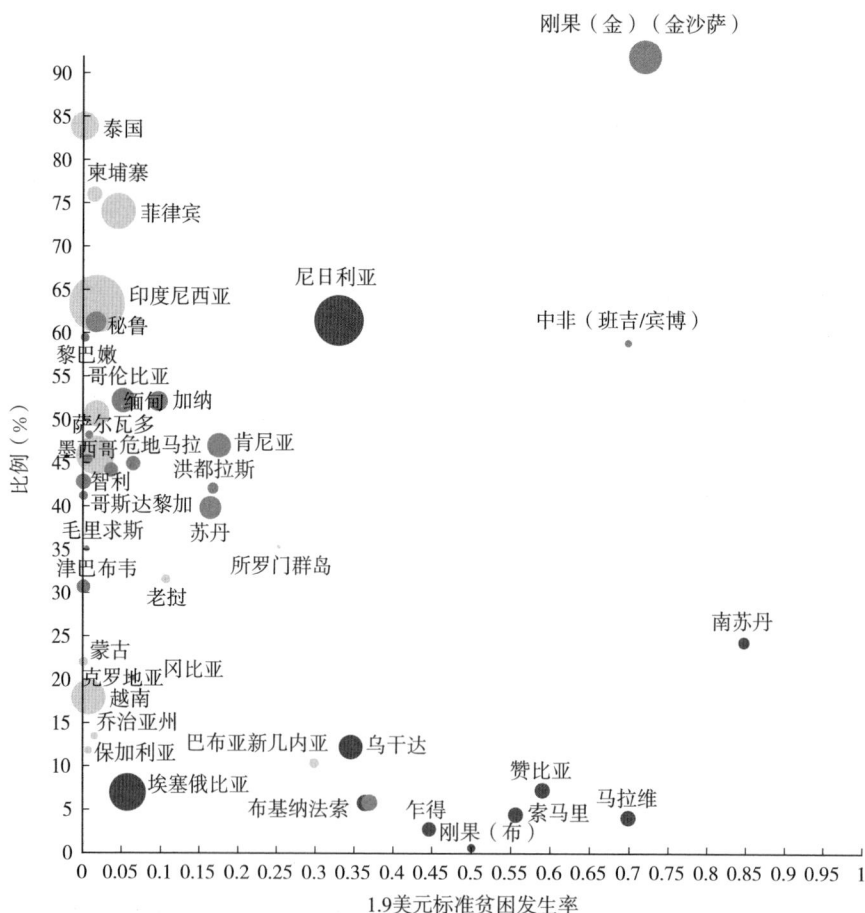

图 2.30　疫情暴发以来减少商品消费的家庭比例

数据来源：世界银行新冠疫情家庭调查数据库。

注：圆点大小与该国人口成正比。

商品消费，也存在如马拉维国内仅有约5％的家庭商品消费减少。这种差异可能与不同国家家庭所消费商品中必需品与非必需品的结构有关。

四、新冠疫苗的接种率和应对疫情的医疗资源差异显著

（一）新冠疫苗接种率区域分布不均，其他疫苗接种率下降

约翰霍普金斯大学冠状病毒资源中心统计了177个国家的疫苗接种率的有效数据，总体来看，新冠疫苗接种率存在巨大的区域差异。这177个国家的疫苗接种率的算术平均值约为51.05％，而根据统计数据的各个国家的总接种人数与百分比，加总得出总人数与总接种人数，计算出世界平均接种率的百分比，约为62.3％。其中，低于世界平均接种率的国家共98个，占177个国家的55.37％，非洲国家有43个，亚洲有16个，欧洲有15个，北美洲有14个，南美洲有6个，大洋洲有4个。在接种率低于10％的16个国家中，有13个为非洲国家，其余3个国家分属于亚洲、北美洲与大洋洲。在接种率低于20％的31个国家中，有25个非洲国家、4个亚洲国家、1个北美洲国家、1个大洋洲国家。

非洲的新冠疫苗接种率较低。在数据库统计的50个非洲国家中，有42个国家的疫苗接种率低于50％，甚至还有13个国家的疫苗接种率低于10％，接种率的算术平均值仅为25.53％。

亚洲国家的新冠疫苗接种率分化比较明显。在统计的40个国家中，有12个国家的接种率低于50％，最低接种率甚至为1.47％（也门）。但也有11个国家的接种率超过80％，如中国、日本、阿拉伯等。接种率的算术平均值为61.04％，按人口加权后的接种率平均值为71.91％，超出世界平均接种率约9.6个百分点。

在欧洲，统计的42个国家中，有9个国家的接种率低于50％，最低接种率为25.78％（波斯尼亚和黑塞哥维那）。欧洲国家的疫苗接种率算术平均值为64.4％，按人口加权后的接种率平均值为67.7％，超

出世界平均接种率约 5.4 个百分点。

在南美洲，统计的国家中没有一个国家的接种率低于 40%。疫苗接种率的算术平均值为 65.96%，按人口加权后的接种率平均值为 73.27%，超出世界平均接种率约 11 个百分点。

在北美洲，统计的 23 个国家疫苗接种率的算术平均值为 52.75%，其中最低为 1.17%（海地），其次为 23.81%（牙买加），接种率分化较大。按人口加权后的接种率平均值为 64.9%，超出世界平均接种率约 2.6 个百分点。

在大洋洲，统计的 9 个国家疫苗接种率的算术平均值为 60.08%，其中最低为 3.03%（巴布亚新几内亚），其次为 27.26%（所罗门群岛），接种率分化较大。按人口加权后的接种率平均值为 67.17%，超出世界平均接种率约 5 个百分点。

在过去 20 年，全球破伤风疫苗接种率以及肝炎疫苗接种率稳步增长，但疫情的大流行导致这两类疫苗的接种率在 2019 年后呈下降趋势，可见疫情对其他疫苗接种情况有明显的挤兑。疫情开始之前，破伤风疫苗接种率以及肝炎疫苗接种率都呈现明显的上涨趋势。其中破伤风疫苗接种率从 2000 年的 81.75% 稳步上涨到 2019 年的 88.34%，上涨幅度为 6.59 个百分点。肝炎疫苗的接种率从 2000 年的 80.24% 稳步上涨到 2019 年的 87.59%，上涨幅度为 7.35 个百分点。疫情开始后，破伤风和肝炎疫苗接种情况都呈现明显的下降趋势。其中，破伤风疫苗接种率下降了 3.12 个百分点，2020 年为 85.22%，肝炎疫苗接种率下降了 3.15 个百分点，2020 年为 84.44%（图 2.31）。

不同收入水平国家的破伤风和肝炎疫苗接种率差距较大，在过去 20 年，低收入国家这两类疫苗的接种率有明显改善趋势。破伤风疫苗的接种情况在不同收入水平国家的分化情况较为明显，高收入国家的破伤风疫苗接种率明显高于低收入国家，高收入国家的破伤风疫苗接种率一直维持在 95% 左右，而低收入国家的疫苗接种率一直没有突破 76%。

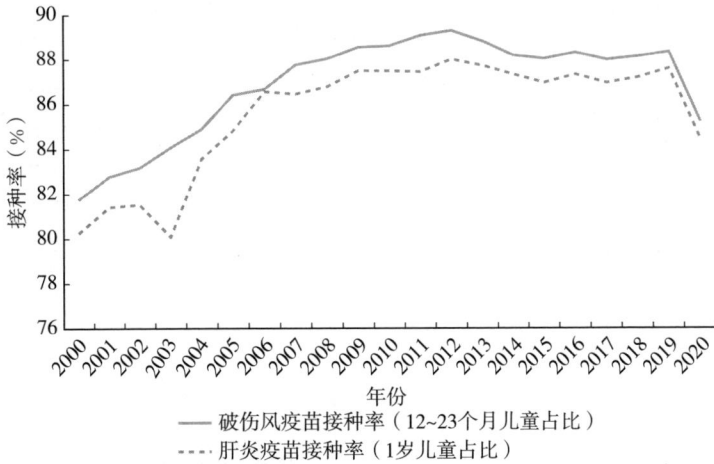

图 2.31　全球破伤风和肝炎疫苗接种情况（2000—2020 年）

数据来源：世界银行 WDI 数据。

2006 年之前肝炎疫苗的接种情况在不同收入水平国家的分化不是很明显，各收入水平国家都在 80% 左右，2006 年之后出现了较为明显的分化，高收入国家的肝炎疫苗接种率明显高于低收入国家。但疫情暴发后，各收入水平国家的破伤风和肝炎疫苗的接种率都明显下降（图 2.32、图 2.33）。高收入国家的破伤风疫苗的接种率下降了 1.17 个百分点，中高收入国家的破伤风疫苗的接种率下降了 3.42 个百分点，中低收入国家的破伤风疫苗的接种率下降了 5.11 个百分点，低收入国家的破伤风疫苗的接种率下降了 2.4 个百分点。高收入国家的破伤风疫苗的接种率下降了 1.28 个百分点，中高收入国家的破伤风疫苗的接种率下降了 3.49 个百分点，中低收入国家的破伤风疫苗的接种率下降了 4.85 个百分点，低收入国家的破伤风疫苗的接种率下降了 2.49 个百分点。

从区域的角度来说，不同区域国家的破伤风和肝炎疫苗接种率差距较大，在过去 20 年，撒哈拉以南非洲地区这两类疫苗的接种率有明显改善趋势（图 2.34、图 2.35）。疫情的暴发对全球大部分区域的破伤风和肝炎疫苗接种都产生挤出效应，但大洋洲地区的疫苗接种情况没有受

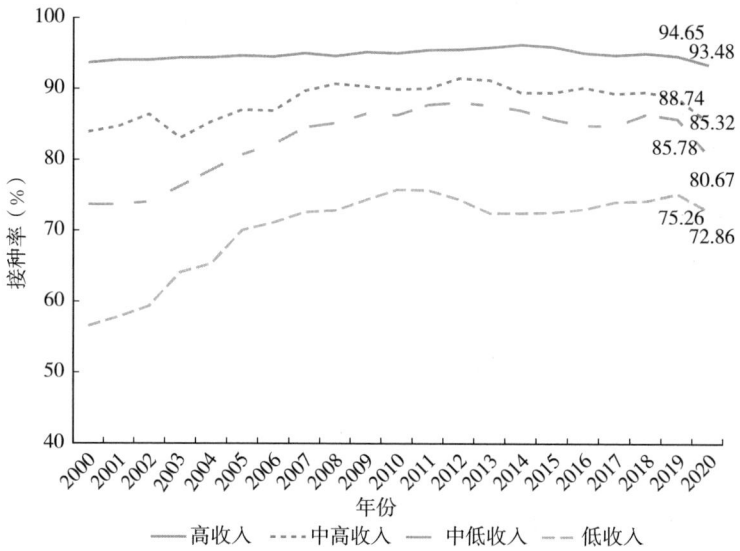

图 2.32 不同收入国家的破伤风疫苗接种率（2000—2020 年）

数据来源：世界银行 WDI 数据。

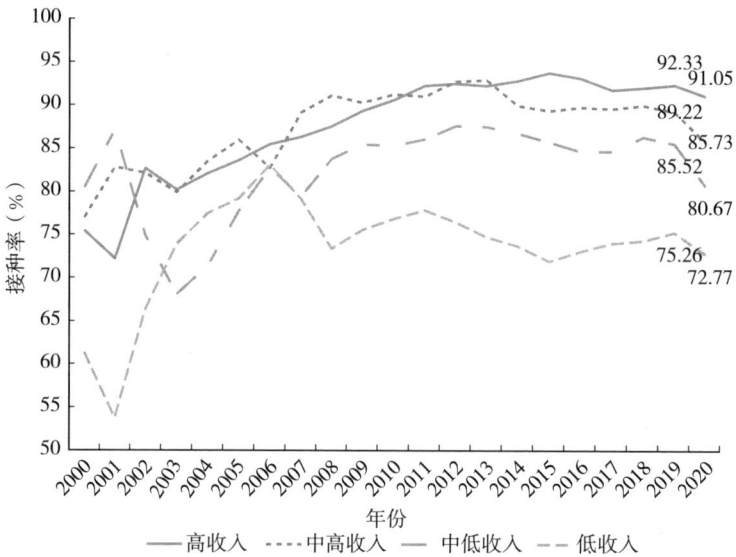

图 2.33 不同收入国家的肝炎疫苗接种率（2000—2020 年）

数据来源：世界银行 WDI 数据。

到影响。破伤风疫苗的接种情况在全球各区域的分化情况较为明显，OECD 成员国的破伤风疫苗接种率明显高于撒哈拉以南的非洲地区，OECD 成员国的破伤风疫苗接种率一直维持在 95% 左右，而撒哈拉以南的非洲地区的破伤风疫苗接种率一直处于 60%～80%。疫情开始后，除大洋洲地区，全球各区域的破伤风疫苗接种率受到了明显的影响，东欧和中亚地区下降了 2.54 个百分点，东亚和南亚地区下降了 2.39 个百分点，拉丁美洲和加勒比地区下降了 6.21 个百分点，中东和北非地区下降了 5.85 个百分点，撒哈拉以南的非洲地区下降了 3.62 个百分点，OECD 成员国下降了 0.93 个百分点。与此同时，大洋洲地区上涨了 1.82 个百分点。肝炎疫苗的接种情况在全球各区域的分化情况不是很明显。疫情开始后，除大洋洲地区外全球各区域的肝炎疫苗接种率也受到影响。东欧和中亚地区下降了 3.26 个百分点，东亚和南亚地区下降了 2.23 个百分点，拉丁美洲和加勒比地区下降了 6.85 个百分点，中东和北非地区下降了 5.53 个百分点，撒哈拉以南的非洲地区下降了 3.64 个百分点。与此同时，大洋洲地区上涨了 0.48 个百分点。

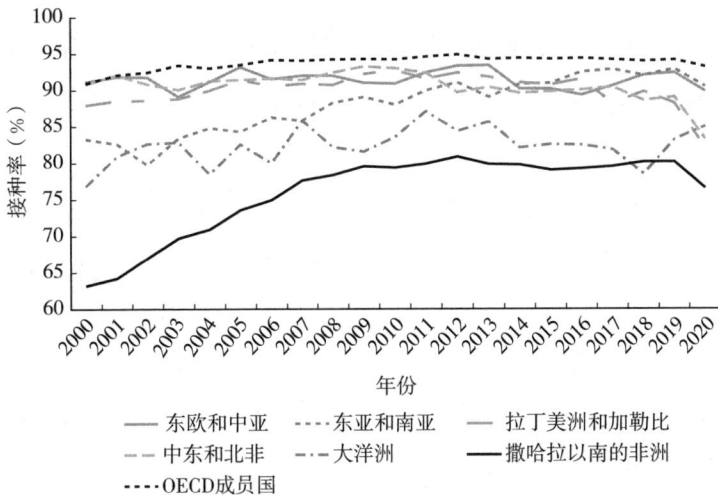

图 2.34　全球各区域的破伤风疫苗接种率（2000—2020 年）

数据来源：世界银行 WDI 数据。

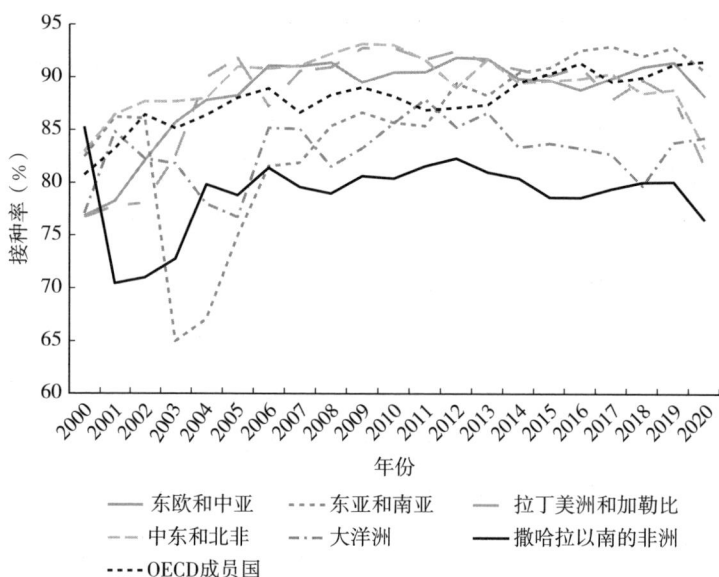

图 2.35　全球各区域的肝炎疫苗接种率（2000—2020 年）

数据来源：世界银行 WDI 数据。

（二）应对疫情的医疗资源分布不均

全球享有基本医疗服务的居民百分比呈现上升趋势，从 2000 年的 65.59% 逐步上涨至 2020 年的 76.49%，增加了 10.9 个百分点[①]。但全球平均每千人医院病床数量并没有明显改善趋势，2000 年到 2017 年维持在每千人 2.9 个床位左右[②]。东欧和中亚地区以及 OECD 成员国的医疗资源情况较好，平均每千人病床数和基本卫生的覆盖率明显高于其他各区域。2017 年，东欧和中亚地区的平均每千人病床数是 4.94 个，而在撒哈拉以南的非洲地区，平均每千人病床数仅为 0.89 个。疫情暴发导致全球范围内病床紧张，医疗系统面临巨大压力，而这些问题在医疗资源落后的贫困国家更为严重。

---

①② 依据世界银行 WDI 数据。

世界银行全球疫情医疗用品贸易流量数据库提供了总共 233 个国家和地区的应对疫情的医疗用品进口额数据。医疗物资分为三类：防疫物品、医疗器械和医疗用品。通过计算不同地区的三项医疗物资进口额，以及总进口额，可以发现 OECD 成员国的医疗资源相对充足很多，各类医疗物资的进口额占比均达到 65% 左右，可见发达国家进口更多疫情医疗用品。作为世界人口第二的大洲，非洲的总医疗物资进口额仅占全球进口额的不到 5%，其中撒哈拉以南的非洲，防疫物品进口额仅占全球进口额的 2%，医疗器械进口额占 1%，医疗用品进口额占 2%，总医疗物资进口额仅占全球进口额的 1%（图 2.36）。这意味着对于医疗物资本就匮乏的贫困国家来说，应对疫情的医疗资源更加短缺。

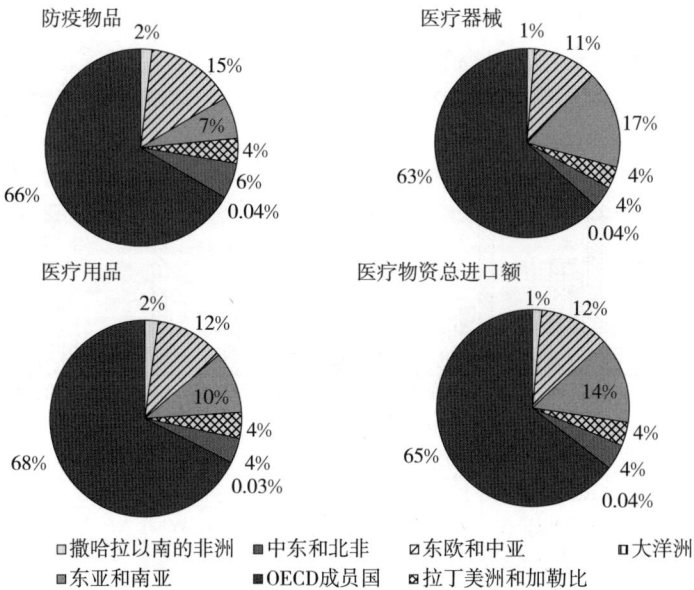

防疫物品
2% 15%
7%
4%
66% 6%
0.04%

医疗器械
1% 11%
17%
4%
63% 4%
0.04%

医疗用品
2% 12%
10%
4%
68% 4%
0.03%

医疗物资总进口额
1% 12%
14%
4%
65% 4%
0.04%

□ 撒哈拉以南的非洲　■ 中东和北非　▨ 东欧和中亚　▢ 大洋洲
▨ 东亚和南亚　■ OECD成员国　▩ 拉丁美洲和加勒比

图 2.36　全球主要区域疫情医疗用品贸易流量情况（2000—2021 年）

数据来源：世界银行全球疫情医疗用品贸易流量数据库。

（三）家庭医疗救助和其他援助不足

世界银行新冠疫情家庭调查数据库的统计数据显示，全球平均有

35％的家庭在疫情暴发以来有医疗需求，有医疗需求并获得医疗救助的家庭比例为86％，30％的家庭失去工作或劳动收入减少时获得了政府援助，31％的家庭在疫情暴发以来接受了任何形式的政府援助。家庭医疗救助和其他援助存在显著的区域和国别差异。

从区域角度的分析显示，首先，中东、南亚及非洲国家疫情暴发以来需要医疗救助的居民更多，而欧洲及中亚地区此比例最小。在进行医疗救助方面，总体上全球医疗救助工作较为及时：除中东及北非国家仅69.42％的需治疗人口能获得及时救助以外，其余地区国家均能保证平均80％以上的人口需要医疗救助时获得及时的救助。其次，东亚及太平洋地区国家平均58％的居民失去工作时可得到政府援助，体现了较高的社会福利水平；而中东、南亚及非洲国家的福利水平显然较低，超2/3的居民的生活水平和福利待遇无法得到政府支持，家庭危机更为严峻（图2.37）。

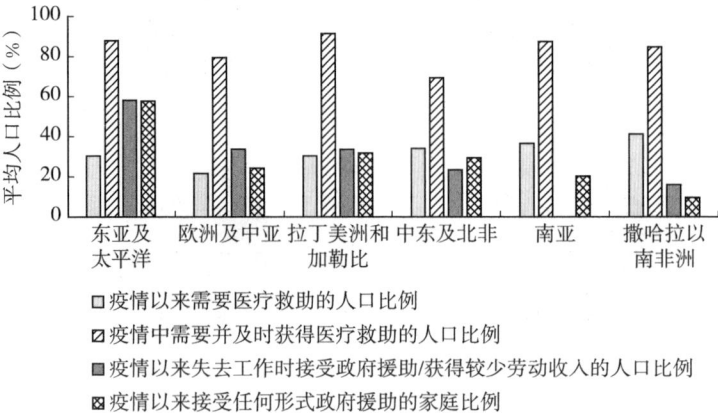

图2.37　重点区域医疗救助和社会福利的情况

数据来源：世界银行新冠疫情家庭调查数据库。

按不同收入水平的统计分析显示，收入水平越低的国家在疫情暴发后需要医疗救助的居民比例越高，低收入国家此比例达46.43％，而高收入国家仅为29.18％。这说明低收入水平国家的居民面临着更严峻的医疗卫生难题和患病概率。尽管总体上不同收入水平的国家政府都能保障居民在需要时获得医疗救助，但收入水平越高的国家，其居民需要时可及时获得医疗救助的比例越大，即高收入水平国家在疫情暴发后医疗救助工作更为稳定有序，居民的医疗卫生质量更高。而且，收入水平越高的国家，居民失去工作时能够得到政府援助的比例越高，其中中高收入国家此项比例高达 40.05%（图 2.38）。这说明收入水平与政府援助能力呈正相关，高收入水平国家的政府通常能在疫情之中提供更全面更充足的社会福利和政府援助。

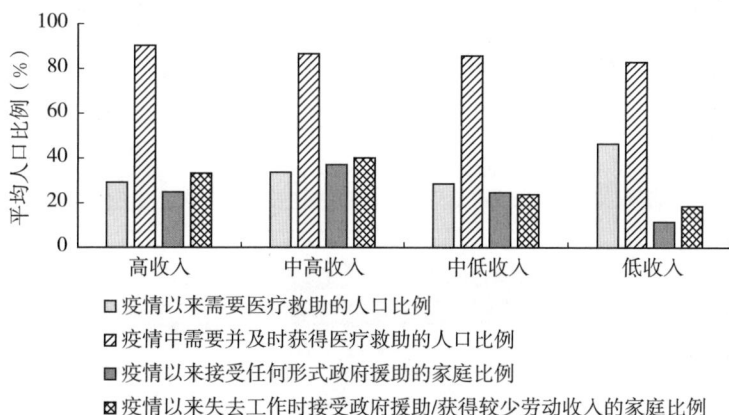

图 2.38　不同收入水平国家医疗救助和社会福利的情况

数据来源：世界银行新冠疫情家庭调查数据库。

图 2.39 为 1.9 美元标准贫困率和各国在需要医疗救助时可获得及时救助的家庭比例的联合分布，可见，在贫困率越高的国家，其居民在需要医疗救助时更可能面临无法得到及时救助的境况。贫困率较低的国家均可保证超 60% 的家庭在需要时可获得及时的医疗救助。然而，其中利比亚、黎巴嫩和菲律宾等国虽处于低贫困率国家群中，但其医疗救助方面的社会服务和政府工作能力欠缺，甚至尚低于一些高贫困率国家；纵然在高贫困率国家中也存在诸多如马达加斯加岛、赞比亚、莫桑比克等疫情发生后社会医疗救助水平极高的国家，但显然在高贫困率国

家群中更容易出现可获及时医疗救助的家庭比例极低的国家。如图 2.39 所示，索马里近半的家庭在疫情发生后不能在需要时获得医疗救助，中非（班吉/宾博）更是有约 67% 的家庭面临医疗救助危机。可见，贫困率与疫情中各国可及时获得医疗救助的家庭比例呈现负相关关系，高贫困率国家的居民，其家庭在疫情发生后更可能面临无法得到及时的医疗救助的危机状况。

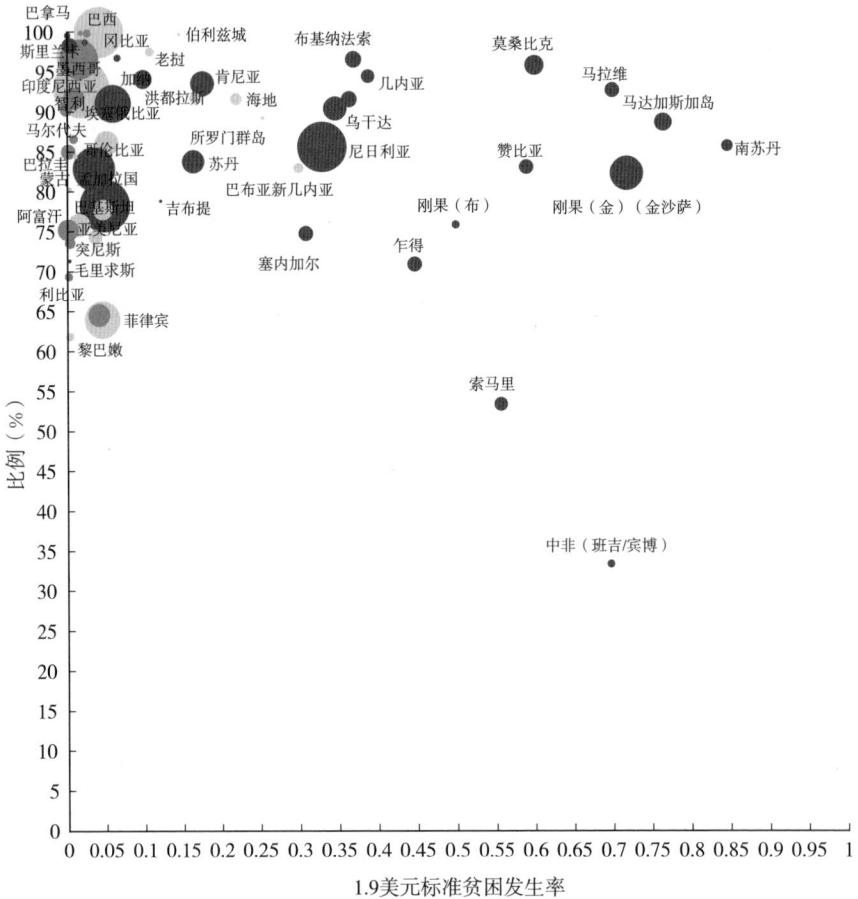

图 2.39　疫情暴发以来在需要时可获得医疗救助的家庭比例

数据来源：世界银行新冠疫情家庭调查数据库。

注：圆点大小与该国人口成正比。

如 1.9 美元标准贫困发生率和各国疫情暴发以来获得任何政府援助的家庭比例的联合分布所示（图 2.40），贫困发生率越高的国家，其居民家庭在疫情发生后越难以得到由政府提供的任何形式援助。贫困使得高贫困发生率国家社会保障能力弱，政府没有能力在各方面援助和支持本国居民。低贫困发生率国家疫情暴发以来得到任何形式的政府援助的家庭比例数值分布较分散，其中菲律宾、泰国、印度尼西亚等国家内超 70％的家庭接受过政府援助，说明其社会福利可维持较高水平，政府有能力从经济、就业、医疗等各方面支持居民，减轻疫情发生后的部分家庭危机；但也存在如孟加拉国、阿富汗、黎巴嫩等 1.9 美元标准贫困发生率接近 0 的国家在疫情发生后仅有不足 20％的家庭获得过某些形式的政府援助，如埃塞俄比亚作为贫困发生率仅 5.79％的国家却仅有 2.43％的家庭自疫情暴发以来接受过政府援助。可见埃塞俄比亚当地疫情发生后的社会福利工作欠缺或受严重负面影响。低贫困发生率国家得到政府任何形式的援助的家庭比例存在差异，而高贫困发生率国家只能为极少数家庭提供任何形式的政府援助，在 1.9 美元标准贫困发生率高于 55％的统计范围内国家中，5/6 的国家在疫情发生后仅曾为 5％的家庭提供政府援助。刚果（金）（金沙萨）贫困发生率较高，但其政府在疫情暴发后可为国内约 25％的家庭提供援助，在一众获政府援助的家庭比例极低的高贫困发生率国家中享有较为优越的社会福利水平。以上结果阐明了在疫情发生后，以政府援助为代表的社会福利水平与该国的贫困发生率呈现负相关关系。

五、疫情所带来的教育危机

（一）学校关闭，引发儿童失学和教育危机

疫情的大流行导致了全球范围内学校关闭，引发儿童失学和教育危机，各国相关部门积极推动措施，保障儿童教育继续进行。世界银行新

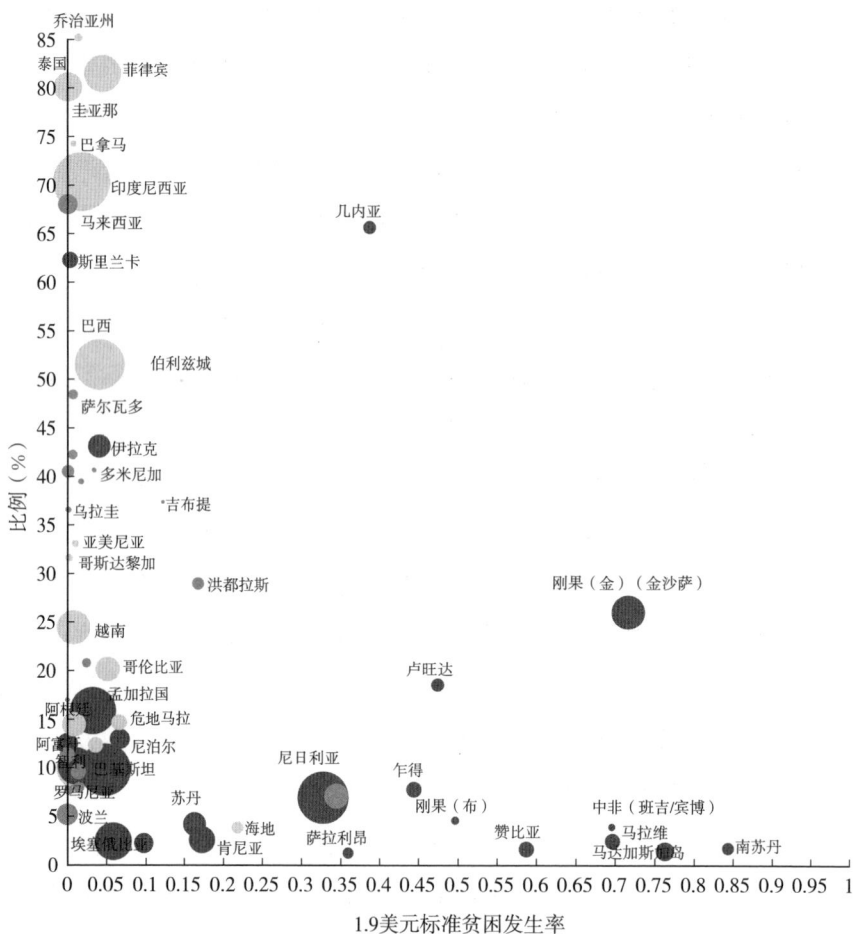

图 2.40　疫情暴发以来接受任何形式的政府援助的家庭比例

数据来源：世界银行新冠疫情家庭调查数据库。

注：圆点大小与该国人口成正比。

冠疫情家庭调查数据库的统计显示，有 46％ 的儿童在因疫情导致学校关闭后能完成家庭作业，能与课堂老师通过线上会议上课的儿童比例仅为 32％，因疫情导致学校关闭后以任何形式参与学习的儿童比例为 67％。学校关闭后儿童是否能够继续接受教育呈现明显的区域和国别差异。

因疫情导致学校关闭后，拉丁美洲及加勒比海地区国家平均 89.05％

的学生仍能保证完成家庭作业，东亚及太平洋地区、欧洲及中亚国家的学生完成作业比例也超过半数，而中东及北非国家以及撒哈拉以南非洲国家的学生则大多不能常规完成家庭作业。疫情导致各地区大量学校关闭后，各国采用了多种形式的上课方式，其中线上会议为主要替代形式。拉丁美洲及加勒比海国家可通过线上会议接受老师上课的学生占63.53％，东亚及太平洋地区以及欧洲及中亚地区国家此比例为30％～50％，而中东及北非和南非国家可实现会议上课学生比例极小。拉丁美洲及加勒比海地区国家约89.58％的学生可通过某些形式继续参与学习，欧洲及中亚地区国家也可保证77.33％的学生学习生活的延续，东亚及太平洋地区和中东及北非地区的国家平均60％以上的学生可以通过某些形式参与学习，而撒哈拉以南非洲的学生教育严重停滞，近半数学生在疫情导致学校关闭后再也没有参与任何形式的学习（图2.41）。可见疫情导致学校关闭后，较发达地区的儿童教育仍能继续推进，而如非洲等欠发达地区的儿童教育发展质量难以保证，面临严峻的教育危机。

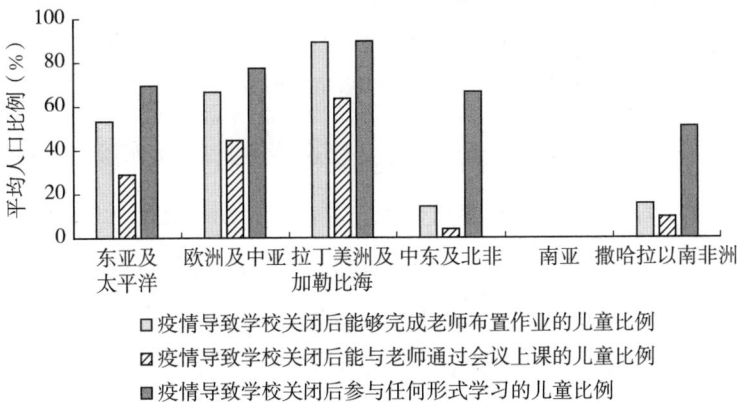

图2.41　重点区域儿童失学和教育危机情况

数据来源：世界银行新冠疫情家庭调查数据库。

按收入水平划分国家的统计分析显示，收入水平越低的国家其儿童教育受疫情阻碍越严重。疫情导致学校关闭后，收入水平越低的国家学生完成家庭作业或以会议方式接受教师授课的比例越低，低收入国家仅21.75％的学生能完成老师布置作业，仅10.46％的学生可以会议方式上课；而高收入国家约95.45％的学生能完成老师布置作业，81.27％的学生可以会议方式上课（图2.42）。可见国家或地区的收入水平通过影响其经济能力和技术条件，在当今媒体和互联网技术十分发达的年代，能够显著影响疫情下儿童的教育质量和学习生活的连贯性，因而低收入国家的儿童面临极为严峻的失学处境和教育危机。

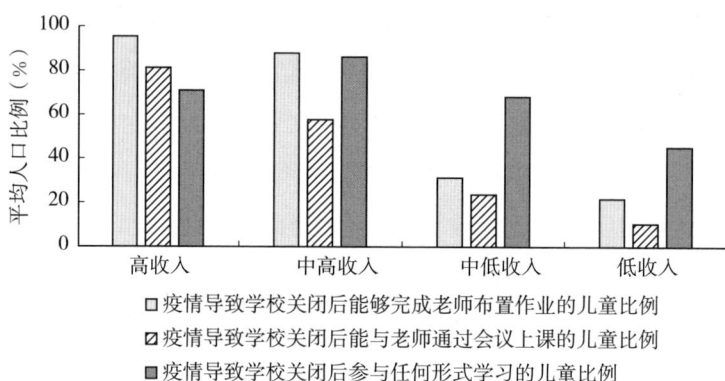

图2.42　不同收入水平国家儿童失学和教育危机情况

数据来源：世界银行新冠疫情家庭调查数据库。

　　贫困发生率越高的国家，儿童发展和学生教育受疫情阻碍情况越严重。图2.43为1.9美元标准贫困发生率和各国因疫情导致学校关闭后仍能参与一定形式学习生活的儿童比例的联合分布。在1.9美元标准下，除缅甸、克罗地亚、埃塞俄比亚等低贫困发生率国家的儿童教育中止情况较严峻以外，绝大多数贫困发生率约为0的低贫困发生率国家可保证全国70％以上的儿童在学校关闭后仍以某些形式继续学习生活。可见在收入水平较高、贫困发生率较低的国家，即使疫情使得政府不得不在不同程度上关闭学校，这些国家仍能保障国内儿童教育与发展的持续性，开拓不同形式来保障教育质量和普及度。随着贫困发生率不断增加，疫情防控期间各国在学校关闭后可以继续参与学习的儿童比例逐步减少。

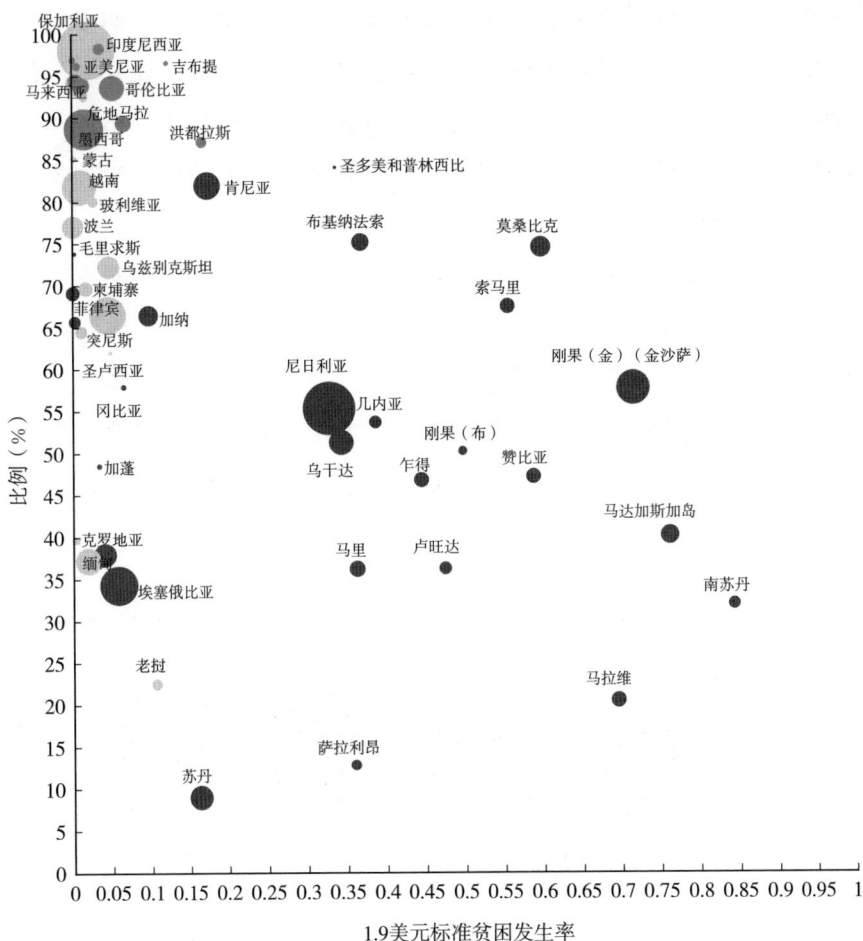

图 2.43　疫情导致学校关闭后参与任何形式学习的儿童比例分布

数据来源：世界银行新冠疫情家庭调查数据库。

注：圆点大小与该国人口成正比。

（二）疫情改变了教学方式

疫情的暴发不仅影响了全球儿童的学习质量，还改变了教学方式。世界银行 2020 年 6 月关于因疫情关闭学校的教育应对调查（Survey on National Education on Responses to COVID‑19 School Closures）统计结果显示，从全球角度来看，无论是学前教育、小学教育、初中教育还是高中教育体系，当学校关闭后各阶段教师均采用多种授课方式以保证疫情防控期间的无接触教育。所选授课方式都具有相近的分布规律，线上授课、电视影音、手机通信授课是各阶段教师在疫情导致学校关闭后首选的三种授课方式。

学前教育采用最多的是电视影音授课方式（26.26％），而小学、初高中学校则最多采用线上授课方式，可能与不同年龄段学生操作能力和理解能力相关。在四种主要授课方式中，发放纸质材料的授课形式占据最小比例，且绝大多数选择此种教育方式的国家同时结合了前三种授课形式使用。超 1/3 的高年龄段学生使用线上网络方式接受教育，低龄的学龄前儿童则更多采取电视影音方式（图 2.44）。

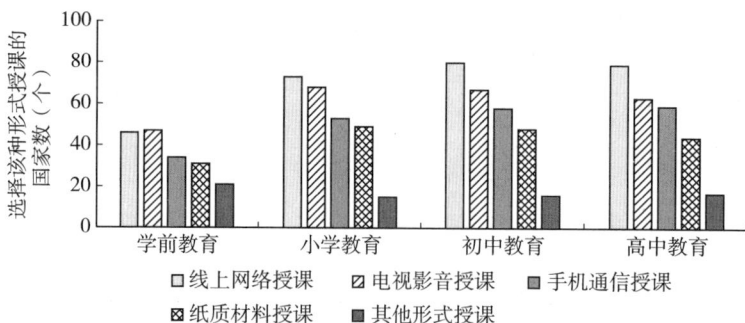

图 2.44　全球不同教育阶段学校关闭后教师授课方式分布

数据来源：世界银行关于因疫情关闭学校的教育应对调查。

从区域角度来看，在疫情导致各国各阶段学校关闭后，较发达地区国家的教师更多采用线上网络形式授课，采用手机通信和电视影音形式授课的国家也居于多数，而欠发达地区国家更多采用电视影音结合纸质材料形式延续教师授课工作。疫情导致学校关闭之后，拉丁美洲及加勒比海地区（31.80％）、欧洲（34.07％）、西亚（35.85％）、东亚及东南亚（31.39％）国家的学校教师更倾向于利用线上网络方式进行授课。除线上网络授课方式之外，拉丁美洲及加勒比海地区国家的学校教师也广泛使用电视影音、手机通信和发放纸质材料的形式授课。欧洲及西亚地区的国家选择电视影音方式上课比例也较高（约 25%）；而东亚及东南亚地区除选择线上网络授课的国家外，更多国家选择以手机通信的方式进行电话授课；中亚及南亚和撒哈拉以南非洲地区大多数国家选择以电视影音的方式支持教师授课，选择线上及手机通信形式的国家较少的原因可能与该地区的信息技术和无线通信技术限制相关。尤其撒哈拉以南非洲有大量国家（占比 20.23%）使用纸质材料来维持学校关闭后的学生教育。大洋洲和北非地区参与学校开放调查的国家样本较少，总体上大洋洲国家的教师更倾向于以纸质材料形式授课，北非国家更多采用电视影音方式保障疫情防控期间的学生教育。

不同收入水平国家的统计分析显示，因疫情导致学校关闭后，收入水平较高的国家更倾向于教师使用线上网络的形式继续授课，收入水平较低的国家则更倾向于使用电视影音来维持学校关闭后的授课教育。38.59% 的高收入国家和 29.05% 的中高收入国家选择以线上形式保证学生在疫情发生后持续接受教育。36.47% 的低收入国家和 30.54% 的中低收入国家选择以电视广播等影音方式保障学校关闭后的学生教育。所有收入水平的国家中均有约 1/5 的国家使用手机通信的方式来延续学校关闭后的儿童教育及发展工作。发放纸质材料供学生学习的授课方式虽也有各收入水平国家选择，但除极少数发展十分落后国家的教师仅能提供纸质材料供学生学习外，绝大多数国家是以与线上网络、电视影音、手机通信形式互相补充的形式使用此方法。

（三）各国积极准备复学

1. 规划恢复学校开放

截至 2020 年 6 月，全球范围内各阶段学校仅有极小部分国家未因疫情关闭学校，116 个调查国家中仅有 9 个国家，因而疫情稳定后的恢复学校教育工作对全球儿童发展及教育极为重要。世界银行关于因疫情关闭学校的教育应对调查调研了各国的复学准备情况，包括恢复学校开放的进度安排，是否招募新教师，是否调整学生学习内容。

从全球角度来看，各阶段学校的恢复开放进度安排具有相似规律，无论是学前教育（36.43%）、小学教育（42.10%）、初中教育（42.10%）还是高中教育（40.74%），选择全国范围开放学校的国家在几种形式中均居于最多数，说明全球对于恢复学校开放，保障学生教育质量和儿童发展的工作均十分重视，在疫情稳定后较为紧迫地全国范围恢复各阶段学校正常授课。另外，选择部分或逐步开放、按照学生所处阶段选择性恢复开放学校的国家也不占少数，尤其初高中教育相比低龄教育更多选择分阶段逐步恢复学校开放（图 2.45）。

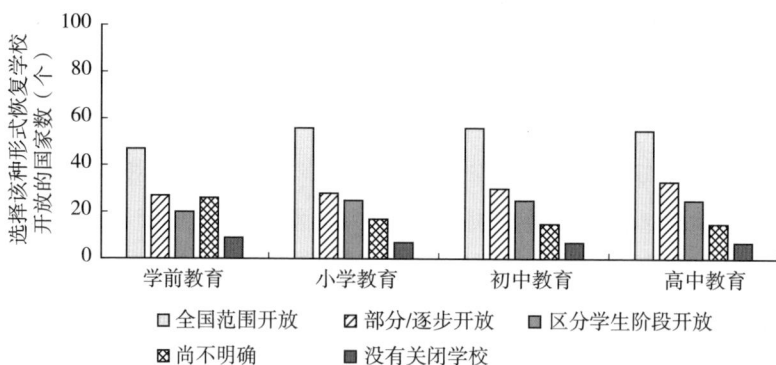

图 2.45 全球范围各阶段学校恢复开放工作规划情况

数据来源：世界银行关于因疫情关闭学校的教育应对调查。

从区域角度分析，大洋洲（54.34%）、西亚（68.89%）和撒哈拉以南非洲（51.89%）地区内的过半受调查国家选择在全国范围恢复各阶段学校的开放；东亚及东南亚（38.89%）、欧洲（43.75%）及中亚（33.33%）近半国家在全国范围恢复学校开放，也存在较多国家选择区分学生的学习阶段逐步开放学校教育；而北非（25%）和拉丁美洲及加勒比海（23.87％）地区在疫情中恢复学校开放的政策较为保守，仅约1/4的国家选择全国范围开放各阶段学校，绝大多数国家根据当地疫情选择性部分开放国内各阶段学校。

在不同收入水平的国家中，都有最高比例的国家（37.5％的低收入国家、47.2％的中低收入国家、40.12％的中高收入国家以及43.96％的高收入国家）选择在全国范围内恢复各阶段学校开放。低收入国家中有32.5％的国家目前尚不明确如何推进恢复开放学校的工作，20％的国家分地区部分或逐步开放学校；中低收入国家中有21.12％的国家选择逐步或部分开放各阶段学校，14.29％的国家区分学生不同学习阶段恢复该年级段的学校常规教育，也有12.42％的国家尚不明确开放进度安排；中高收入国家中有25.75％的国家逐步或部分开放学校，21.56％的国家选择分年级段恢复学校开放，仅约10％的国家对恢复开学态度尚不明确；高收入国家中有26.37％的国家选择区分年级段恢复学校开放，15.38％的国家选择分地区逐步或部分开放，仅12％的国家尚不明确。收入水平较高的国家群体对于如何恢复学校开放似乎更具规划性和准备，更加重视在疫情防控期间维护教育质量并修复教育损失，而超1/3的低收入国家对恢复教育事业的态度和方式尚不明确。

2. 招募新教师

世界银行关于因疫情关闭学校的教育应对调查显示，全球范围内25％的国家预计为恢复各阶段学校开放招募新教师，75％的国家则无此计划。

根据不同地区的分析，在可获得明确态度的受调查国家中，东亚及东南亚、西亚以及北非地区半数或多于半数国家愿为重新开放学校而招募新老师，补充师资力量；而大洋洲、拉丁美洲及加勒比海、欧洲、中亚及南亚、撒哈拉以南非洲等地区绝大多数国家并未将招募新教师纳入恢复各阶段学校开放的工作计划中（表2.1）。

表 2.1 各地区为恢复学校开放招募教师意愿

单位：个

洲际分布	计划招募教师国家数	无招募教师计划国家数
北非	1	1
撒哈拉以南非洲	3	20
中亚及南亚	1	9
东亚及东南亚	6	6
西亚	8	4
欧洲	2	8
拉丁美洲及加勒比海	4	22
大洋洲	1	8

数据来源：世界银行关于因疫情关闭学校的教育应对调查。

3. 调整学生学习内容

世界银行关于因疫情关闭学校的教育应对调查相关统计结果显示，全球范围内 38.05％的国家没有计划于恢复学校开放后调整学生学习内容，而多达 61.95％的国家欲采取多样的形式来对各阶段学生的学习大纲和内容进行调整。预计全球大多数国家学生的学习内容将因疫情影响发生变化。

在计划调整学生学习内容的国家之中，有 30.43％的国家计划减少国内学生原各科目的涵盖内容以追赶疫情防控期间耽搁的进度，14.13％的国家选择减少各阶段学生的学习科目数量，20.65％的国家将具体调整计划交由各地方各阶段学校视情况自行决定（图 2.46）。另有许多国家设计了多样的学生学习内容调整方法，例如：新加坡仅针对毕业生减少考试涉及内容，帕劳要求学校以学生需求为导向制定新的教学内容，阿联酋则将第一学期内容集中在关注识字和计算等基本技能。尽管大多数国家选择精简学生学习内容，但也存在部分国家欲通过增添学生学习任务量的方式弥补疫情防控期间失学损失和教育质量下降。如缅甸采取为学生补课计划，叙利亚通过教育卫星频道、教育平台、混合教育覆盖所有课程主题，并准备密集的教育档案，欲以此方式来弥补教育损失。

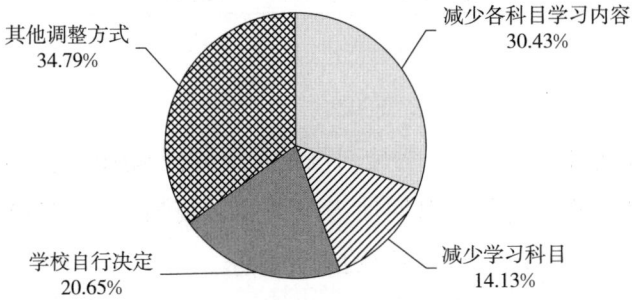

图 2.46　调整学生学习内容的形式分布

数据来源：世界银行关于因疫情关闭学校的教育应对调查。

第三章

应对疫情及推进减贫的措施和效果

自新冠疫情暴发以来，为应对疫情全球各国和国际机构都采取了多种措施，促进经济复苏，以期促进疫情和后疫情时代持续减贫，实现《2030 年可持续发展议程》设定的减贫目标。

一、主要地区和国家应对疫情、推进减贫的关键举措

贫困与一国的经济社会发展密切相关，发展是解决贫困问题的第一要义。一般而言，贫困产生的本质原因在于教育、技能、健康等人力资本要素的缺乏，但人力资本作用的充分发挥还取决于其所处的社会环境，具体包括社会资本、社会网络、社会组织及社会信任等要素。国际社会的减贫模式主要分为以下两种：一是"输血"模式，即向贫困人口输送其所缺乏的物质资源，以便维持其生产与生活的基本需求；二是"造血"模式，即通过调动脱贫的主动性和积极性来应对贫困问题。与此相对应，疫情下世界各国的减贫政策也可分为以下五类：公共卫生危机管理政策、财政转移和税务减免政策、金融市场稳定政策、基本民生维持政策、就业创业保障政策。其中财政转移、税务减免和金融稳定政策是其他减贫政策的资金支柱。不同地区主要国家在应对疫情方面的财政开支具有显著差异（图 3.1），各国在疫情背景下的减贫政策组合也因此呈现出复合性和多样性。为全面掌握疫情背景下全球应对贫困举措的最新演变，为后疫情时代减贫事业的可持续发展提供参考，本部分将全球划分为亚洲、非洲、拉丁美洲和加勒比、北美洲、大洋洲、欧洲六大区域，分别围绕各区域的发展现状、贫困特征、减贫进展以及经验挑

战四个部分展开论证。

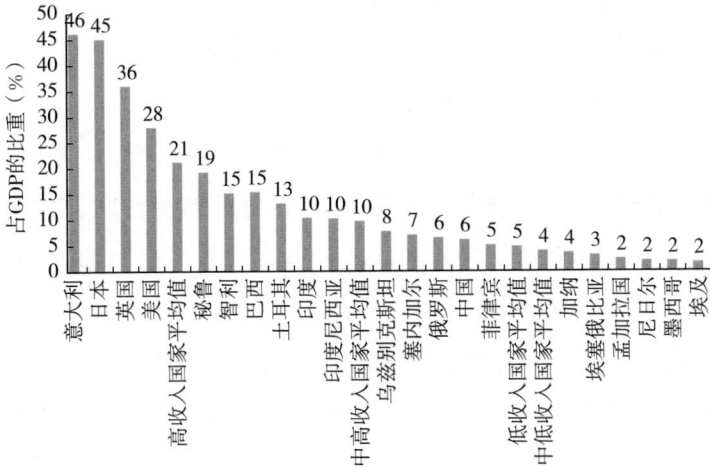

图 3.1　不同收入水平国家应对疫情的财政开支比重差异

资料来源:《2022 年世界发展报告》团队，国际货币基金组织财政事务部《应对新冠疫情的国家财政措施财政监测数据库》(2021 年)。https://www.imf.org/en/Topics/imf‑and‑covid19/Fiscal‑Policies‑Database‑in‑Response‑to‑COVID‑19。

(一) 亚洲: 全部门益贫增长,产业化就业促进

亚洲地区经济社会正处于快速转型过程中,无论是基础设施、公共服务还是应急管理能力都尚有进步空间,中亚和东亚地区失业者等弱势群体更易受到疫情为代表的公共卫生安全事件的负面影响。亚洲国家在减贫领域的分化状况依旧延续,且贫困集中的现象明显,南亚和东南亚是多维贫困的高发地区,大量贫困人口集中在印度、孟加拉国、阿富汗、印度尼西亚和菲律宾等国家。根据《2022 年全球多维贫困指数》统计,全球约 83% 的多维贫困人口生活在撒哈拉沙漠以南非洲地区(约 5.79 亿人)和南亚地区(3.85 亿人)。尽管面临重重挑战,但亚洲依旧是对全球减贫贡献最为显著的地区,亚洲国家的共同经验表明,政治稳定、经济发展、社会进步成为应对疫情与减少贫困

的重要基础。

1. 协调整合各方资源，依靠经济增长减贫

多数亚洲国家能够选择符合自身国情的发展道路，通过强有力的机制协调整合各方资源，依靠经济增长和可持续发展不断缓解乃至消除贫困，全部门益贫增长由此成为减贫效率较高的一种政策选择。例如，2022年中国财政部、国务院发展研究中心与世界银行联合发布的《中国减贫四十年：驱动力量、借鉴意义和未来政策方向》研究报告指出：和其他东亚国家一样，中国拥有一个有能力、高效率的政府，农业发展、工业化与城市化三者共同构成改革开放以来中国益贫增长的主要动力，未来减贫政策重点需要转向缩小优质公共服务等方面的差距、解决长期存在的收入不平等和经济机会不平等的问题、减少低收入群体因经济转型而面临的风险。又如，疫情暴发后，为应对本国及中亚居高不下的失业率，哈萨克斯坦政府专门针对年轻人及其家庭推出了补贴抵押贷款计划，针对农业、民航、旅游等行业的税收优惠，通过新设立的产业发展基金对中小企业和制造企业进行信贷支持。此外，新修订的2021年政府预算还覆盖了抗疫相关的额外支出，主要包括用于疫苗、检测和个人防护设备的费用，以及在2021—2023年专门增加的医务人员的工资支出。

2. 将信贷优惠作为推动经济增长和减贫的抓手

广义的减贫不仅是贫困人口的减少，也表现为民众摆脱贫困能力的提升，产业化进程与公共服务供给在创造就业等方面往往具有更直接的减贫促进效果。在积极依托全球价值链实现经济增长的过程中，许多亚洲国家便通过高度工业化推动过剩劳动力从农村部门向城市部门流动，积极发展服务业尤其是现代服务业。例如，据国际货币基金组织政策追踪器数据系统（IMF Policy Tracker）数据，作为全球绝对贫困人口规模最大的国家，印度2021—2022财年中央政府预算大幅增加健康等福利支出，专门针对贫困家庭、农民工、街头商贩等群体提供优惠信贷；

印度储备银行决定延长短期农业贷款利息补贴、延期针对中小企业的紧急信用担保计划、支持抗疫相关的医疗保健基础设施和服务融资。又如，面对近80%的受雇者无法获得全额工资的现实状况，印度尼西亚政府在2020—2021年将企业所得税税率从25%永久降低到22%，2022年又进一步降至20%，国家经济复苏计划包括将国家资金注入选定的商业银行以提高杠杆率，向国有企业提供利息补贴，为中小企业提供信用担保和贷款重组基金，并为劳动密集型企业提供流动资金贷款担保。再如，截至2021年底，泰国银行（BOT）已向旅游等相关行业的中小企业发放高达5 000亿泰铢的贷款，年利率为2%，由政府支付前6个月的利息并提供为期2年的贷款担保，此后该担保可延至8年，年利率为1.75%。

3. 大力推进健康、教育、社会保障等领域的公共投入

卫生健康、教育培训、社会保障等领域的公共服务投入兼具人力资本投入和社会福利转移的双重性质，对于疫情下亚洲国家的减贫和可持续发展亦具有关键作用，因此许多政府均努力将经济发展的阶段性成果转化为国民福利。众所周知，卡塔尔、阿联酋、新加坡、马来西亚等亚洲高收入国家的经济基础较好，教育、健康和卫生基础设施与社会服务完善，绝对贫困发生率极低，已经步入缓解相对贫困的阶段。例如，据国际货币基金组织政策追踪器数据系统数据，新加坡2021财年预算支持了一项110亿新元的疫情恢复计划，其中包括安全重启经济的公共卫生保健措施，如病毒检测、接触者追踪和疫苗接种（48亿新元）；延长就业支持计划下的工资补贴（29亿新元），持续推进SGUnited就业招聘和技能培训项目（15亿新元）；有针对性地支持航空、旅游、运输等重点行业企业进行复工复产。又如，菲律宾、泰国、印度尼西亚等国有超70%的家庭在疫情发生后接受过官方机构的相关救助，这证明政府有能力配置教育与医疗等资源支持贫困居民和家庭应对危机。

（二）非洲：聚焦基层保障，发掘融资潜力

非洲依旧是世界贫困人口最集中、贫困发生率最高的地区。进入21世纪以来，世界贫困人口分布重心逐步从亚洲转移至撒哈拉以南非洲地区，非洲大陆的减贫进程仍然滞后于全球其他地区和世界平均水平。世界银行《全球经济展望2022》报告指出，尽管撒哈拉以南非洲地区疫情确诊病例最少，但2022年该地区的绝对贫困发生率将攀升至25％以上。非洲的贫困面广、贫困程度深、贫困发生率高、贫困差异性大：东非的贫困人口占比最高，贫困发生率也较高；中非的贫困人口占比居中，但贫困发生率最高；北非和南非的贫困人口占比和贫困发生率都较低。疫情和俄乌冲突等因素叠加进一步阻碍了非洲的减贫进程，地区经济复苏难度加大，本已拮据的财政资源被持续消耗，政府实施的严格防疫管控措施又导致失业加剧。

1. 运用国家财政转移支付，满足底层民众生存需求

非洲国家的社会保障水平普遍低下，新冠疫苗接种率过低，劳动人口的生活状况处于相当不稳定的状态，社会保障的缺失导致社会脆弱群体的贫困压力长期得不到有效缓解，在很大程度上阻碍了存量贫困人口的减少。粮食安全是制约非洲国家减贫事业的另一项严峻挑战，联合国粮农组织指出，非洲地区的谷物类粮食需求无法自给，存在严重的食品短缺问题，缺乏充足的食品安全保障。特别是近年来受极端天气影响，南部和东部非洲等区域频繁发生干旱、蝗灾等自然灾害，这直接加剧了农业减产和粮食短缺问题，并易引发生态恶化和社会冲突等一系列连锁反应。为此，许多非洲国家政府积极运用财政手段满足底层民众生存需求，例如，据国际货币基金组织政策追踪器数据系统数据，加纳等国直接减免了贫困居民的水电费，乌干达、冈比亚等国为低收入群体免费发放粮食。另外一些非洲国家则专门强化了卫生健康领域的财政转移力度，例如，埃及政府已拨款50亿埃及镑，用于提供紧急和必要的医疗

用品，为在隔离医院和实验室工作的医务人员发放奖金和补贴。又如，埃塞俄比亚政府制定和实施了疫情多部门应对计划，其中拨款约 300 亿比尔（约 8 亿美元）用于相关支出①，包括购买医疗设备、为卫生工作者支付额外费用、检疫和隔离区的食品援助，以及采购卫生设施、消毒剂和个人防护设备等。

2. 赋能经济新业态发展，推动社会包容性增长

尽管过去 20 年间部分非洲国家获得了较高的经济增长，但其主要是受益于资源开发型的产业带动，而这类处于价值链底端的外向型产业极易受到国际形势变化的影响。疫情暴发后，一部分非洲国家积极借助绿色经济和数字经济等新业态赋能经济发展，以期创造更多就业岗位，增强经济增长的包容性或益贫性。例如，据国际货币基金组织政策追踪器数据系统数据，凭借北非地区疫情确诊病例较少的有利条件，埃及政府明确宣布为旅游业提供 30 亿埃及镑的零利率和低利率软贷款担保，中央银行同时批准了一项 1 000 亿埃及镑的担保，用于提供制造业优惠贷款和农业承包贷款，并向航空公司提供宽限期为 2 年的贷款，还为工业和劳动密集型等遭受疫情损害的小型项目（如新能源汽车行业转型升级）提供支持。

由于非洲人口规模迅速扩大，阶段性的经济增长难以为新增人口提供足够的财政支撑和就业机会，目前非洲只有不到 1% 的失业人口能受益于保障性政策措施，因此急需国家在产业发展和减贫融资方面提供相关支持。例如，疫情和俄乌冲突已对作为石油净进口国的南非造成了深刻影响，尤其是燃料和食品价格的显著攀升，但鉴于自身地理区位独特、产业潜力巨大、国际形象良好，南非政府的产业扶贫不仅包括了采矿业、制造业等优势产业，而且已经扩展到旅游业等领域。2021 年，

---

① IMF Policy Tracker，Egypt，https://www.imf.org/en/Topics/imf - and - covid19/Policy - Responses - to - COVID - 19♯E。

南非政府宣布成立规模为 12 亿兰特的旅游股权基金，向符合条件的企业提供由政府担保的银行贷款，帮助其在疫情发生后支付一定的运营成本。又如，埃塞俄比亚中央银行向私人银行提供了 150 亿比尔的额外流动性资金，以期促进债务重组并防止企业破产，还为埃塞俄比亚商业银行提供了 160 亿比尔的 3 年期流动性支持，重点促进旅游业及相关行业的复工复产。

3. 基于国际援助，推动减贫进程

鉴于发展融资困难和债务累积问题不断凸显，非洲国家纷纷向前宗主国、多边机构和新兴经济体寻求减贫支持。在 2022 年 2 月召开的第六届欧盟—非盟峰会上，欧盟宣布未来 6 年将向非洲投资 1 500 亿欧元，通过促进多领域公私投资帮助非洲实现更加多元、包容、可持续且有韧性的经济发展，重点投资领域包括基础设施、数字化、能源与绿色转型、可持续增长与创造就业、公共卫生和教育等。又如，北非国家积极参与法国倡议召开的非洲经济体融资峰会和法非峰会，南非、塞内加尔、安哥拉、卢旺达等国积极参与在德国举行的非洲契约峰会，希望借助德国抗疫援助提升独立生产疫苗的能力。以世界银行、亚洲开发银行以及联合国发展机构为代表的多边援助机构也纷纷提高对于非洲最贫困国家的援助承诺，与世界卫生组织（WHO）、联合国儿童基金会（UNICEF）、联合国粮食及农业组织（FAO）、新冠疫苗实施计划（COVAX）、全球疫苗和免疫联盟（GAVI）等专业性国际组织一道协调资助新冠疫苗接种、弱势群体保护、地区粮食安全，国际货币基金组织和世界银行还与非洲各国共同制定减贫战略报告（PRSPs），专门针对非洲国家的减贫战略规划和政策部署提供咨询建议。再如，在中非合作论坛框架下，中国和非洲国家在加强基础设施建设、农业技术合作、"一带一路"倡议下的产能合作、人力资源培训等方面持续开展治理合作，以期将减贫治理和自主发展有机结合起来。

（三）拉丁美洲和加勒比：创新转移支付，缩小收入差距

不平等的社会结构往往会导致相对贫困发展为绝对贫困，拉美和加勒比地区贫困国家的基尼系数通常较高，收入分配差距过大将降低贫困对经济增长的弹性，并直接影响经济发展惠及贫困人口的程度。世界银行《全球经济展望 2022》报告指出，2022 年拉美和加勒比地区的食品价格攀升将直接导致该地区新增 300 万绝对贫困人口，受疫情影响，拉美和加勒比国家较之于世界其他地区失业率的涨幅最大，玻利维亚竟有超 2/3 的居民在疫情暴发后陷入停工状态。巨大的贫富差距极易导致贫困群体出现心理落差，引发犯罪率上升等一系列社会问题，进而深度影响经济发展质量和减贫政策效果。

1. 采取系列财税政策来缓解贫困

众所周知，低社保覆盖率总是与高贫困发生率密切相关，而拉美多数国家实施的缴费确定型（简称 DC 型）社保模式未能广泛覆盖工人、农民、失业人员、非正规行业人群等低收入群体。值得一提的是，拉美国家曾经首创"有条件现金转移支付"制度（简称 CCTs），其主要目的是缩小贫困人口收入与"两条线"（赤贫线与贫困线）之间的差距。疫情之下拉美和加勒比国家还普遍采取了增加家庭转移支付额度、减税或推迟征税、延期家庭债务、降低社保缴费比例或延迟征缴等一系列财税政策来缓解贫困（表 3.1）。例如，据国际货币基金组织政策追踪器数据系统数据，巴西政府决定通过紧急援助计划向非正规和低收入工人提供现金转移，提前向退休人员支付第 13 笔养老金；为中小企业提供超过 GDP 1% 的信贷额度，以支付工资成本、营运资金和相关投资。又如，2020 年 6 月至 2022 年 6 月，智利政府实施了总额为 120 亿美元的额外财政计划，具体包括暂时降低企业所得税税率，通过软贷款、抵押贷款、补贴救济（约 635 美元）支持遭受严重收入损失的中产阶级。

表 3.1　拉美国家应对疫情的财政与货币政策

财政政策	家庭转移支付	阿根廷、巴巴多斯、玻利维亚、巴西、智利、哥伦比亚、哥斯达黎加、多米尼加、厄瓜多尔、萨尔瓦多、危地马拉、洪都拉斯、牙买加、巴拿马、巴拉圭、秘鲁、特立尼达和多巴哥、乌拉圭、委内瑞拉
	家庭债务延期	阿根廷、巴哈马、巴巴多斯、伯利兹、玻利维亚、巴西、哥伦比亚、哥斯达黎加、厄瓜多尔、萨尔瓦多、洪都拉斯、墨西哥、巴拉圭、秘鲁、特立尼达和多巴哥、乌拉圭
	降低或推迟社保缴费	阿根廷、巴哈马、巴巴多斯、伯利兹、巴西、智利、哥斯达黎加、厄瓜多尔、危地马拉、乌拉圭
	降低或推迟征税	巴哈马、玻利维亚、巴西、智利、哥伦比亚、哥斯达黎加、多米尼加、厄瓜多尔、萨尔瓦多、危地马拉、洪都拉斯、牙买加、墨西哥、巴拉圭、秘鲁、乌拉圭
货币政策	降息	巴巴多斯、巴西、智利、哥伦比亚、哥斯达黎加、多米尼加、危地马拉、洪都拉斯、牙买加、墨西哥、巴拉圭、秘鲁、特立尼达和多巴哥
	外汇市场干预	阿根廷、巴西、智利、哥伦比亚、牙买加、巴拉圭、秘鲁、乌拉圭
	向市场注入流动性	巴西、智利、哥伦比亚、牙买加、墨西哥、秘鲁
	购买公共或私人债券	巴哈马、玻利维亚、智利、哥伦比亚、牙买加

资料来源：王飞、周全，《新冠疫情冲击下的拉美：危机叠发及其破困之道》，2021年。

2. 采取系列货币政策应对减贫挑战

拉美和加勒比国家的贫困问题在面对经济衰退时表现更加敏感，一旦经济增长出现下滑或波动，贫困发生率便会立刻反弹，整体减贫进程受阻，脱贫成果受到侵蚀。疫情之下拉美国家普遍采取的货币政策措施包括：政府降息；利用外汇储备干预市场，维持汇率稳定；通过购买债券，向市场注入流动性等。例如，据国际货币基金组织政策追踪器数据系统数据，面对雷亚尔对美元持续贬值的趋势，巴西中央银行通过现货和衍生品合约销售多次干预外汇市场，干预净额达到 20 亿美元，并恢复以美元计价的巴西主权债券回购操作。又如，哥伦比亚政府决定为咖啡行业、教育行业、公共交通行业、旅游行业、卫生和公共部门供应商等提供新信贷额度，并向 3 个月内收入下降超过 20% 的企业员工提供相当于最低工资 50% 的补贴。再如，在世界银行的支持下，多米尼加政府通过发展政策贷款（DPL）积极购置健康设备，改善服务的流动性，并向符合条件的卫生部门、企业和个人提供税收优惠，有近 90 万个脆弱家庭从该项目中获益。

3. 通过多项就业促进政策解决失业危机

真正缓解拉美和加勒比贫困问题的关键在于人力资源开发和社会减贫治理的良性互动，疫情之下该地区主要从劳动力供给、劳动力需求和劳动中介服务三个层次入手制定和实施相关政策。在劳动力供给方面，就业促进政策和社会支出投入重点面向赤贫人口、贫困人口和濒贫人口，主要措施包括职业技术培训和二次教育，如厄瓜多尔新建立的家庭农业技术平台便致力于农业生产系统创新和农村贫困家庭增收；在劳动力需求方面，就业促进政策主要包括支持自主创业、直接创造工作岗位和间接提供工作岗位；在劳动中介服务方面，主要是在劳动力供给和需求之间搭建桥梁，旨在更好地发挥就业政策对于减贫事业的促进作用。

（四）北美洲：推进普惠福利，实施社区治理项目

西方发达国家普遍面临贫困问题相对化、贫困群体结构化、贫困区域失衡化等一系列现实挑战，作为典型的西方发达国家和社会福利国家代表，美国和加拿大绝对贫困发生率较低且相对稳定，但社会保障体系建设仍有待细化和深入。在疫情的直接影响下，包括餐饮、旅游、航空等在内的服务业普遍遭受重创，失业率居高不下，贫困率大幅上升，个人和家庭也面临因裁员而丧失保险和福利的贫困风险。由于财富和收入不平等持续扩大，许多底层家庭无法获得可靠、安全、充足和营养丰富的食物，缺乏可负担的住房和租房补贴，这导致贫困群体的生存境况进

一步恶化。一些地方政府不但拒绝扩大医疗补助等计划支持，甚至选择削减公共交通、法律援助、教育和医疗等基本服务，这将加重贫困边缘家庭的生活负担。

1. 构建全方位和普惠性的社会福利制度

鉴于疫情规模及其长期影响，北美发达国家中央和地方政府依托现有资源和法律法规，完善构建全方位的社会福利制度，通过现金转移支付努力为全体国民提供普惠性的福利保障项目。例如，美国拜登政府推出总额达 18 440 亿美元的《美国救援计划》，重点投资于公共卫生应对措施，为家庭、社区和企业提供更多援助，并扩大失业救济金计划（包括补充失业救济金）覆盖群体范围。又如，加拿大政府也推出并延期多项福利补贴政策，其中最为典型的是紧急福利金（CERB）和就业保险金（EI），前者旨在帮助加拿大公民在经济恢复阶段进行福利过渡，后者申请则需满足在过去一年中至少工作 120 个小时等基本条件，具体时长和金额也取决于申领者此前的工作时长与收入状况。

2. 对落后地区进行综合开发式扶贫

针对经济社会发展水平整体落后的贫困地区，北美洲国家主要通过政府税收、政策融资、政府合同、产业政策等措施进行综合开发式扶贫。例如，美国联邦和州政府出台了《地区再开发法》《联邦受援区和受援社区计划》等一系列专门法案，通过财政援助、税收减免、信贷优惠、水电费用减免、工人培训补贴等组合式激励手段促进贫困地区产业发展，加大经济社会基础设施投入，实施支持中小企业发展的特殊优惠政策。又如，加拿大联邦政府决定提供 950 亿美元的信贷额度（包括 138 亿美元的可免除贷款），向处于疫情压力下的公司提供优惠贷款，加拿大农业信贷局专门为生产者、农业综合企业和食品加工企业等追加提供 52 亿加元的优惠贷款。

3. 发挥基层社区优势降低边缘群体的贫困发生率

鉴于相对贫困问题在不同年龄、婚姻、种族、城乡、区域之间仍存在结构性差异，儿童、单亲母亲、活动受限人群、有色人种、新移民、少数族裔等边缘群体的贫困问题较为突出，北美洲国家努力发挥自身基层社区优势进行减贫干预。例如，在加拿大针对卫生系统提供的603亿美元（包括病原检测、疫苗开发、医疗用品等）财政支持当中，以及针对家庭和企业的2 900亿美元直接援助（包括工资补贴、就业保险、税收抵免、儿童保育等）当中，专门设置了针对原住民社区的支持基金。此外，加拿大还启动了预算为2 000万加元（约合1.02亿元人民币）的地方粮食基础设施基金，以支持社区和非营利组织制定长期解决方案，积极应对粮食安全引发的减贫挑战。

（五）大洋洲：推进税费减免政策，加大落后地区开发力度

就大洋洲国家的总体状况而言，澳大利亚和新西兰的绝对贫困现象已基本消除，相对贫困问题成为其面临的主要挑战。但该地区发展中国家的减贫现状日益分化：波利尼西亚和密克罗尼西亚地区经济增长较快，民众生活逐步改善，绝对贫困群体规模缩小；而美拉尼西亚地区经济发展缓慢，相对贫困群体开始向绝对贫困滑落，贫困人口数量占大洋洲90%以上，贫困人口日趋集中，边缘群体生活水平降低到贫困线之下，处于弱势地位的绝对贫困群体生活环境进一步恶化。

1. 实行系列推迟、减免甚至取消税费征收的政策

疫情暴发以来，大洋洲各国经济发展普遍受挫，经济下行风险陡增，失业率显著攀升，贫富差距拉大，减贫不确定性凸显。为此，大洋洲国家普遍实行了一系列推迟、减免甚至取消税费征收的财政政策，以期有效缓解中小企业、贫困家庭、基层劳动者等各类主体的生产生活负担。例如，据国际货币基金组织政策追踪器数据系统数据，在澳大利亚公布的2022—2025财年预算当中，联邦政府决定追加484亿澳元（占GDP的2.5%）的刺激措施，包括为中低收入者提供额外的税收减免，临时为企业提供补贴，增加基础设施投资和社会培训支出，同时启动中

小企业复苏贷款计划，政府将向符合条件的中小企业提供多达 80%（原为 50%）的贷款担保，贷款最高规模将提高到 500 万澳元，还款期限可延至 10 年，并设置长达 24 个月的缓冲期。

2. 着力健全社会保障制度

大洋洲国家普遍采取了建立健全社会保障制度、加大对贫困人口直接救济、免费教育和职业培训等一系列政策措施，以期积极提升劳动技能，努力降低失业风险，为重点群体构筑应对疫情并防止返贫的社会防线。例如，据国际货币基金组织政策追踪器数据系统数据，澳大利亚联邦政府新预算决定在 2022—2025 财年大幅增加社会支出，具体包括老年护理（占 GDP 的 0.9%）和残疾计划（占 GDP 的 0.7%），以及支持女性群体安全、教育、健康和退休的各种计划。又如，在 2024—2025 财年之前的财政预算之中，新西兰政府决定斥资 51 亿新西兰元用于隔离开支和购买疫苗等医疗保健支出，24 亿新西兰元用于保护弱势群体，139 亿新西兰元用于向受疫情严重影响的雇主提供工资补贴等。

3. 高度重视农业农村发展

大洋洲未脱贫地区生态环境脆弱，自然灾害频发，生态环境承载力难以满足工业化发展的需要，无法创造足够的就业岗位，妇女、老年、土著等贫困群体占比过高，从贫困群体的产业分布来看，大洋洲国家贫困人口大多数为农业人口，农业农村发展由此成为各国政府高度重视的问题。例如，疫情暴发后，斐济政府专门实施了一项确保粮食安全的农业应对计划，具体包括扩大现有的家庭园艺项目和新的农场支持项目，通过种子和原料分发促进短期作物生产，同时为制糖业发展引入总额达 5 090 万法郎的拨款。大洋洲其他发展中国家则通过调整农业生产关系、推广新型农业技术、完善农业基础设施、加大农业投入等方式提高了粮食产量，一定程度上也增加了就业机会。

4. 加大落后地区的开发力度

由于产业结构单一，国民经济相对落后，大洋洲未脱贫地区高度依赖农业、渔业、旅游业和建筑业等行业的发展，而此类产业恰恰极易受到生态环境、气候变化、疫情等外部不确定性的影响，严格有力的防疫管控未能转化为可持续性的经济增长动力。鉴于此，大洋洲国家政府通过政策倾斜加大落后地区的开发力度，积极扩充政府融资投资，大力兴建基础设施，着力创造就业岗位，不断增加居民收入。例如，澳大利亚联邦和州政府共同启动了总额达 500 亿澳元（占 GDP 的 2.5%）的刺激计划，既针对符合条件的企业和家庭提供工资税等减免，包括折扣水电费、弱势家庭现金补贴、医疗支出支付，又涵盖针对落后地区的基础设施建设配套资金和可再生能源领域的绿色投资。

（六）欧洲：发挥财政扩张、融资创新和教育扶持优势

欧洲绝大多数国家拥有良好的经济发展条件，家庭收入普遍较高，但雄厚的经济社会发展基础未能广泛惠及众多相对贫困群体，不同人群面临的实际贫困类型或社会排斥风险也存在较大差异，青年失业者、健康受限者和移民难民等群体的贫困困境尤其值得关注。谨防社会救助制度沦为福利性依赖，进而造成贫困陷阱和失业陷阱，仍然是未来欧洲国家减贫面临的主要挑战。此外，俄乌冲突的不断升级造就了第二次世界大战至今的最大规模难民问题，进一步加剧了欧洲本已错综复杂的难民危机和疫情危机，而后者又必将对欧盟及其成员国的经济社会发展带来直接冲击。

1. 积极的财政政策应对减贫挑战

一般而言，社会保障覆盖率较高的国家，其贫困水平通常较低，在疫情广泛而深入的影响下，公共财政支出进一步成为缩小收入差距、减少绝对贫困的有效工具，尤其对于相对贫困人口和低收入人群的基本社会福利具有显著的保障作用，欧洲国家平均有多达 58% 的居民在疫情暴发后获得了政府发放的相关援助。例如，据国际货币基金组织政策追

踪器数据系统数据，英国政府在 2021—2022 财年拨款 550 亿英镑用于新冠病毒检测、个人防护装备和疫苗购置[①]，以及未来 3 年的重启计划，以帮助长期失业者重新就业。又如，法国政府决定推迟对公司征税并减免中小企业的部分运营成本，积极保障短期工作计划下的工人工资。在 2021 年的预算当中，法国还启动了为期 2 年、总额达 1 000 亿欧元的经济复苏财政计划（Plan de Relance），重点支持经济生态转型、提高企业竞争力以及增加社会凝聚力，如汽车和航空等领域的绿色投资、维持失业和失能群体福利待遇、精简或增加新冠患者及医护人员的健康保险等。再如，德国政府决定扩大短期工作补贴以维持工人收入，暂时延长失业保险和育儿福利的期限。

2. 强化融资创新与金融监管体系

事实上，欧洲传统社会福利模式以现金援助等方式推进减贫，往往会造成通货膨胀、商品价格上涨以及私人现金被压制等消极影响，在 2009 年欧洲主权债务危机和 2019 年疫情的诱发作用下，欧盟及其成员国通过强化融资创新和金融监管着力提升减贫政策的可持续性。例如，据国际货币基金组织政策追踪器数据系统数据，欧盟决定向欧洲投资银行（EIB）提供 250 亿欧元的政府担保，面向中小企业提供高达 2 000 亿欧元的专项融资。又如，德国通过新设经济稳定基金（WSF），努力扩大信用保险公司和非营利机构可获取的融资担保规模，一些符合条件的公司可获得高达 100％ 的担保额度，融资总金额由此至少可增加 7 570 亿欧元。

3. 加大教育培训和心理帮扶投入

教育是影响欧洲多维贫困的最主要因素，因此提高人力资本水平成为消除该地区贫困的根本策略，加大教育培训和心理帮扶投入也成为防

---

① IMF Policy Tracker, United Kingdom, https://www.imf.org/en/Topics/imf - and - covid19/Policy - Responses - to - COVID - 19#U。

止返贫的重要举措。其中，"福利到工作"（WTW）便成为在欧洲地区被广泛应用的策略，该制度要求贫困人口在享受福利保障时必须参加工作，以减少贫困家庭对国家福利政策和资源的过度依赖。例如，欧盟依托规模达1 000亿欧元的临时贷款工具（SURE），专门用于保障地区范围内的工人就业权利。又如，荷兰政府明确支持本国劳动力扩大部门流动，积极开发促进工作过渡的相关平台，并为技能再培训和职业咨询配置专项公共资金。

二、国际组织或机构应对疫情、推进减贫的措施

疫情引起经济严重衰退、贫困人口大幅增加。联合国、世界卫生组织、世界银行和国际货币基金组织等联合多方力量，积极应对疫情影响。

（一）联合国：全面应对疫情

联合国认为新冠疫情不仅是一场卫生危机，还是一场经济危机、人道主义危机、安全危机和人权危机，新冠疫情凸显了国家内部和国家之间的严重脆弱性和不平等。走出危机的关键在于团结全世界，联合国采取全面的应对疫情措施，重点关注受疫情冲击的弱势群体，联合其他组织开展抗击疫情专项活动。

1. 联合国应对疫情的目标与途径

联合国针对疫情提出四个目标和三种途径。四个目标包括：①提供全面的全球应对措施；②降低疫情带来的社会脆弱性；③增强全球抵御疫情冲击的能力，尤其是气候变化方面；④克服疫情暴露并且加重的不平等性。三种途径包括：①提供规模庞大、协调一致、综合全面的卫生应对措施；②采用各类政策，应对社会经济、人道主义和人权方面遭到的破坏性影响；③注重受到疫情冲击后的重建

与恢复。

此外，作为应对疫情行动的一部分，联合国秘书长发布了多份政策简报，就如何应对疫情带来的冲击向各国政府提供意见。并将政策简报按照四种方式进行全面划分。其中，按照主题的划分方式，包括粮食安全和营养、流动人口、精神卫生、人权、债务、社会经济影响、就业、城市、旅游、不平等、教育、全民健康，共 12 个主题，全面考虑疫情导致的影响，并提供相应的缓解措施和建议。

2. 联合国应对疫情的主要措施

联合国从疫情对全球人类健康、经济社会、人道主义以及人权等方面的影响出发，提出拯救生命、保障生计、推进复苏三方面的应对措施，向各国及其社区提供数据、分析、政策建议和具体支持。联合国应对疫情及其影响的举措包括三大组成部分：

（1）拯救生命。依据世界卫生组织《战略准备和反应计划》，联合国采取大规模、协调、全面的卫生应对举措。根据联合国披露的数据，截至 2020 年 9 月，联合国的响应措施包括：向 172 个国家分发医疗用品，包括 4.5 亿件个人防护装备；部署 180 多个紧急医疗队，培训 210 多万名卫生工作者；通过专门的信息传递向约 26 亿人宣传有关病毒及应对方法的准确信息；使 114 个国家近 5 500 万人获得水和卫生用品等必需品。2020 年 3 月，联合国基金会与瑞士慈善基金会和其他合作伙伴，在 2020 年 3 月至 2021 年 3 月共同资助世界卫生组织成立 COVID-19 团结应对基金。该基金一度是世界卫生组织应对全球疫情的第二大捐助组织，74% 的资金流向世界卫生组织（图 3.2）。截至 2021 年 11 月 10 日，该基金累计收到全球 2.6 亿美元的捐赠。

（2）保障生计。由联合国人道主义事务协调厅牵头，以《2021 全球人道主义概览》为指导，以更加综合的方式协调和应对疫情的冲击。人道协调厅与机构间常委会合作伙伴协调，将贫穷和脆弱国家应对疫情的策略列为优先事项，向 2.5 亿多最脆弱群体提供了人道主义援助，大

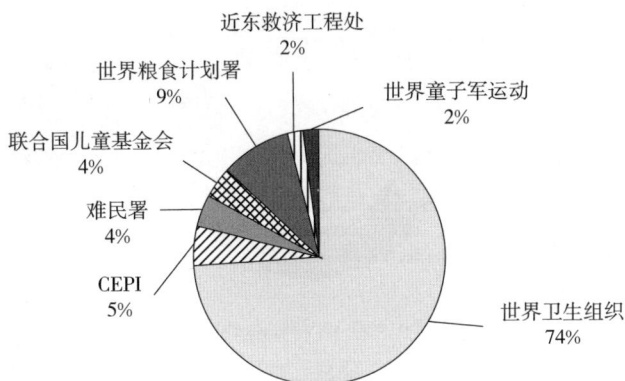

图 3.2 COVID‑19 团结应对基金的资金流向

数据来源：根据 https://covid19responsefund.org/en/统计数据整理绘制。

力倡导向发展中国家提供支持。

(3) 推进复苏。由联合国可持续发展集团牵头，在驻地协调员和联合国开发计划署技术负责人的协调下，帮助 162 个国家和地区应对疫情产生的社会与经济影响，实现转型和可持续复苏。

(二) 世界卫生组织：完善多重系统，促进防疫公平

1. 世界卫生组织的关键举措

为应对席卷全球的疫情，帮助各国克服困难和稳定发展，世界卫生组织贡献了重要的力量（图 3.3）。2022 年，世界卫生组织分别发布《结束全球新冠肺炎战略准备和应对计划》《2022 年战略准备和应对计划》等报告，帮助世界各国在预防、监测、治疗等方面的行动进行关键战略调整，并建立全球检测和评估框架。

世界卫生组织主要实施了三方面关键举措：第一，构建疾病监测、信息共享和早期预警检测系统。通过指导、培训以及质量评估支持各国提高其检测能力和传播控制力。此外，还建立了独立的监测系统和数据库，如构建全球流感监测和反应系统。截至 2022 年 6 月，系统已对 115

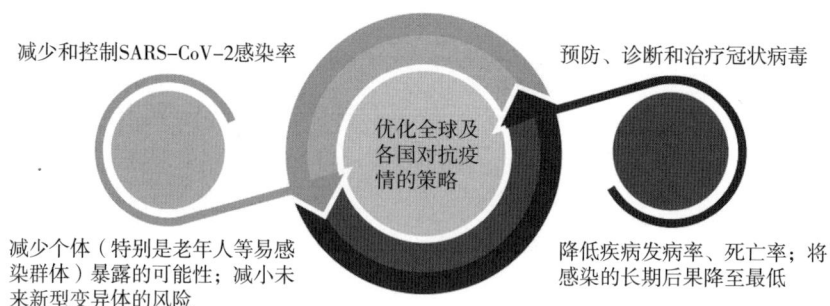

图 3.3　结束全球 COVID‐19 突发公共卫生事件的战略目标

资料来源：根据 https：//www. who. int/publications/i/item/WHO‐WHE‐SPP‐2022.1 披露的内容绘制。

个国家进行疫情监测。第二，保护弱势群体，促进检测、治疗及疫苗接种更公平。世界卫生组织与全球基金和儿童基金会合作，建立拨款机制。同时，为了提高中低收入地区的接种覆盖率，世界卫生组织与其他机构共同发起的 COVAX 行动，目前已向 146 个国家提供了超 15.9 亿剂新冠疫苗。第三，强化卫生系统。帮助各国梳理改善当地公共卫生的优先顺序并制定方案、加强急救和防护系统、培训医护人员等。

2. 援助资金来源

从 2022 年 1 月至 2022 年 10 月 25 日，世界卫生组织共收到 10.8 亿美元的捐赠资金和 0.57 亿美元的资金捐赠承诺，存在 4.51 亿美元的资金缺口（图 3.4）。捐赠资金大部分来自发达国家及发展中国家，其中，有 71％来自国家办事处，18％来自总部和全球服务部，11％来自区域办事处（图 3.5）。中国作为世界卫生组织成员国，积极履行义务，2022 年以来捐赠金额超过 1 400 万美元。

（三）世界银行：构建全面应对框架，制定多项应对措施

世界银行出台多项举措，帮助发展中国家预防、发现和应对疫情，

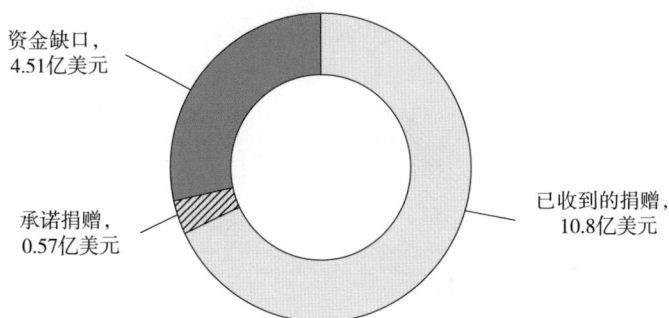

图 3.4　2022 年 1 月至 10 月 25 日世界卫生组织的资金情况

数据来源：根据世界卫生组织 https://www.who.int/emergencies/diseases/novel-corona-virus-2019/donors-and-partners 披露截至 2022 年 10 月 25 日的资金情况数据整理绘制。

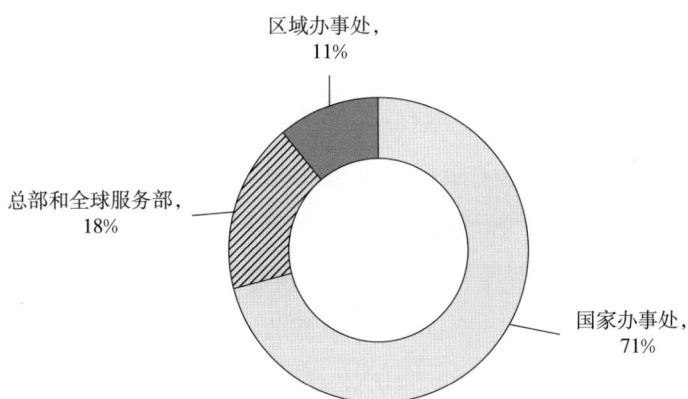

图 3.5　2022 年 1—7 月世界卫生组织受赠资金来源

数据来源：根据世界卫生组织 https://www.who.int/publications/m/item/who-s-response-to-covid-19-2022-mid-year-report 披露的 2022 年 1—7 月数据整理绘制。

加强卫生系统建设，保护贫困和弱势群体。2020—2021 年，世界银行累计向多个国家和地区的公共及私营部门提供了 2 040 亿美元的资金支持，其中 1 350 亿美元来自国际复兴开发银行（IBRD）和国际开发协会（IDA），600 亿美元来自国际金融公司（IFC），90 亿美元来自多边投资担保机构（MIGA）（图 3.6）。

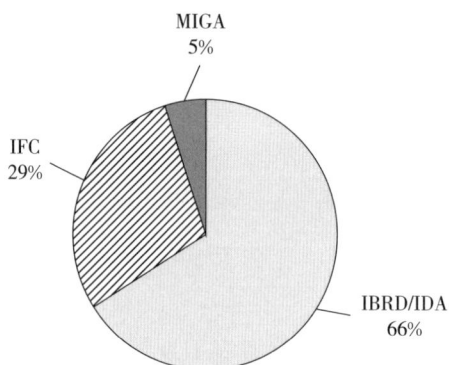

图 3.6 截至 2022 年 6 月 15 日世界银行应对新冠筹措资金来源结构

数据来源：根据世界银行 https://www.worldbank.org/en/about/what‐we‐do/brief/world‐bank‐group‐operational‐response‐covid‐19‐coronavirus‐projects‐list 披露的截至 2022 年 6 月 15 日应对疫情的所有项目数据整理绘制。

1. 世界银行疫情危机应对框架

世界银行制定了涵盖救援、重组和复苏三个阶段的全面应对框架（表 3.2），侧重的四个领域包括：

（1）拯救生命。帮助各国遏制新冠病毒的传播，提供卫生服务，确保贫困家庭获得医疗服务，同时为中低收入国家开展疫苗接种帮扶计划。截至 2022 年 6 月 16 日，世界银行至少为 75 个国家提供超过 90 亿美元的疫苗接种。与世界卫生组织共同为也门建立 37 个隔离单位，提供药品和医疗设备。

（2）保护贫困和弱势群体。为弱势群体提供收入和粮食供应，为贫困家庭和小微企业提供就业扶持。

（3）确保可持续的业务增长和创造就业机会。世界银行为企业和金融机构提供政策建议和财政援助，保护就业，帮助企业渡过难关。

（4）加强政策、制度和重建投资。为帮助各国重建复苏，世界银行以治理和制度为重点，与国际货币基金组织密切合作，推动各国的经济复苏。

表 3.2　世界银行应对疫情危机的关键措施框架

	救援	重组	复苏
拯救生命	突发公共卫生事件 健康 MPA 和重建项目 DPFs	重建卫生系统 健康 MPA 和新的 IPF IFC 健康价值链平台	应对大流行病的卫生系统 健康 MPA 和新的 IPF 国际金融公司 LTF 到私人供应商和制造商
保护贫困和弱势群体	社会突发事件 现金/实物转移、CDD 项目、DPF 项目重建 政府对小额信贷机构的担保	恢复人力资本 现金/实物转移、CDD 项目、DPF 新的 IPF IFC 对战略小额信贷机构的资本重组	促进公平和包容 现金/实物转移、CDD 项目、DPF ASA 关于积极的劳动力市场政策 IFC 向小额信贷机构贷款
确保可持续的业务增长和创造就业机会	紧急经济救助 DPF、FIL、P4R 和 IPF IFC 贸易和工作上线、MIGA 工具 PPP 融资工具	公司重组和债务解决 DPFs 和 IPFs IFC 进行公司资本重组 PPP、IFC LTF 和 MI-GA 工具	绿色业务增长和创造就业机会 DPF 和 IPF IFC/MIGA 工具 PPP 融资工具
加强政策、制度和重建投资	关注长期目标 关于加强财政和提供服务的 DPF ASA 实施于疫情相关转型、SME 和 MFI 担保计划 ASA 实施于债务可持续性、管理和透明度	政策和体制改革 用于重组复原政策和体制改革的 DPF ASA 重组 跟踪双目标和可持续发展目标的 ASA	更好的投资重建 PPP、上游项目开发和动员私营部门解决方案的全系列 WBG 工具 用于跟踪双目标和可持续发展目标的 ASA

数据来源：根据世界银行 *World Bank Group COVID-19 Crisis Response Approach Paper* 的数据整理。

2. 疫情快速通道专用基金

疫情快速通道专用基金（Fast-Track Facility，FTCF）是 2020 年 3 月世界银行为应对疫情批准的紧急基金项目。2020 年 3 月世界银行和国际金融公司批准了一项 140 亿美元的快速通道融资计划，其中世界银行为加强卫生系统和疾病监测提供了 60 亿美元融资，国际金融公司提供 80 亿美元帮助受疫情冲击的中小微企业。2020 年 4 月多边投资担保机构 MIGA 提供 65 亿美元快速通道基金帮助投资者和贷款人应对疫情。

（1）疫情快速通道基金支持项目。2020 年 4 月 2 日，世界银行启动第一批快速通道专用基金项目，援助 25 个国家，并在 40 多个国家推进新的业务（表3.3）。

表 3.3　第一批快速通道专用基金项目

国家	USD（Mil）	国家	USD（Mil）
阿富汗	100.40	马尔代夫	7.30
阿根廷	35.00	毛里塔尼亚	5.20
佛得角	5.00	蒙古	26.90
柬埔寨	20.00	巴基斯坦	200.00
刚果（金）	47.20	巴拉圭	20.00
吉布提	5.00	圣多美和普林西比	2.50
厄瓜多尔	20.00	塞内加尔	20.00
埃塞俄比亚	82.60	塞拉利昂	7.50
加纳	35.00	斯里兰卡	128.60
海地	20.00	塔吉克斯坦	11.30
印度	1 000.00	冈比亚	10.00
肯尼亚	50.00	也门	26.90
吉尔吉斯斯坦	12.50		

数据来源：根据世界银行第一批应对疫情实施紧急反应措施项目披露数据整理。https:// www.worldbank.org/en/news/press - release/2020/04/02/world - bank - group - launches - first - operations - for - covid - 19 - coronavirus - emergency - health - support - strengthening - developing - country - responses。

2020 年 5 月 19 日，世界银行抗击疫情的紧急行动已惠及 100 个发展中国家，占世界人口的 70%，受援助国家有 39 个位于撒哈拉以南非洲。1/3 的项目处于脆弱和受冲突影响的局势之中，如阿富汗、乍得、海地和尼日尔。

2020 年 10 月 13 日，世界银行批准 120 亿美元用于资助发展中国家注射新冠疫苗，购买检测试剂。这项举措支持多达 10 亿人接种疫苗，覆盖 111 个国家，为世界银行疫情应急响应计划增加了新的资金。同时，世界银行加入世界卫生组织牵头的新冠疫苗实施计划 CO-VAX。

（2）国际金融公司 IFC 的快速融资。 国际金融公司是世界银行集团的成员之一，2020 年 IFC 提供 80 亿美元资金来帮助受疫情影响的发展中国家的私营部门，以减少疫情对金融和经济产生的影响。IFC 的大部分应对资金将流向客户金融机构，使其在疫情导致的供应链中断的情况下，为私营公司提供贸易融资、运营资金支持和中期融资。IFC 的应对措施还将帮助受疫情影响的经济部门继续支付账单，比如旅游业和制造业等。

IFC 的快速融资资金由四个部分构成：

①20 亿美元的实体部门危机应对基金（Real Sector Crisis Response Facility）。该基金支持基础设施、制造业、农业和服务业易受疫情影响的现有客户。IFC 将向有需要的公司提供贷款，在必要时进行股权投资，并帮助医疗保健行业发现市场需求。

②20 亿美元的全球贸易融资计划（Global Trade Finance Program）。此部分覆盖金融机构的支付风险，便于金融机构为进出口货物的公司提供贸易融资，支持参与全球供应链的中小型企业。

③20 亿美元的营运资金解决方案计划（Working Capital Solutions Program）。该部分计划为新兴市场银行提供资金、维持信贷，同时可作为公司用来支付账单和补偿工人的资金池，支撑企业的营运资本。

④新增加部分：20 亿美元的全球贸易流动性计划和关键商品金融计划（the Global Trade Liquidity Program, and the Critical Commodities Finance Program）。这两项计划为援助地银行提供风险分担支持，以便他们能够继续为新兴市场的公司提供融资。

（3）多边投资担保机构 MIGA 支持私营部门投资者和贷款人。 2020 年 4 月 7 日，MIGA 启动一项 65 亿美元的快速通道贷款，以支持私营部门投资者和贷方应对低收入和中等收入国家的疫情大流行。该基金将 MIGA 的能力转向购买紧急医疗设备，为中小企业、企业和个人提供营运资金，并支持政府的短期资金需求。

MIGA 使用简化和快速的程序签发担保，旨在通过四种机制应对与冠状病毒相关的挑战：①提高以非优惠条件借款购买紧急医疗设备、防护装备、药品和服务的政府及其机构的信用级别；②为商业银行和金融机构提供降低风险的解决方案，以便他们继续对处于低收入和中等收入国家的子公司提供贷款；③为寻求进入信贷市场的政府及其机构提供信贷增级，以便在流动性受限的环境中为经济复苏项目和计划提供资金；④与国际金融公司合作支持贸易融资，为低收入和脆弱国家的当地银行提供保障，以确保货物通过全球供应链的持续流动。

（4）疫情快速通道专用基金现状。据世界银行统计，截至 2022 年 6 月 15 日，疫情快速通道专用基金支持的项目惠及全球多个国家和地区。其中，非洲接收援助项目最多，中东地区接收项目最少（图 3.7）。

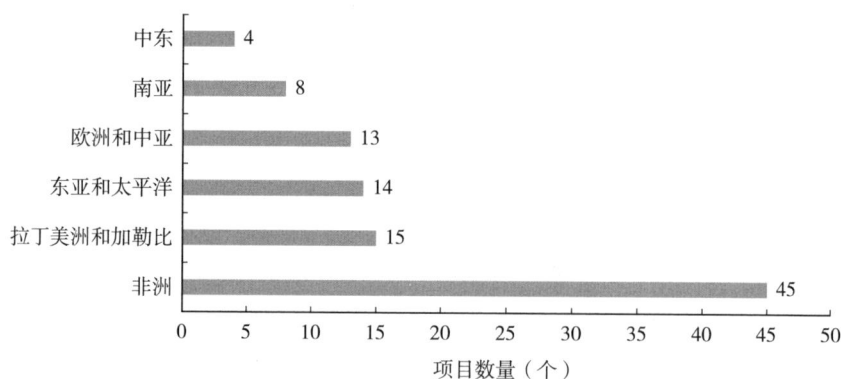

图 3.7　截至 2022 年 6 月 15 日快速通道专用基金项目分布

数据来源：根据世界银行 https://www.worldbank.org/en/about/what-we-do/brief/world-bank-group-operational-response-covid-19-coronavirus-projects-list 披露截至 2022 年 6 月 15 日应对疫情的所有项目数据整理绘制。

注：采取世界银行疫情统计地区划分标准。

3. 应对疫情长期反应措施

应对疫情长期反应措施是指在 IBRD 和 IDA 的资金支持下，针对全球各国通过重组、重新部署和重新分配现有资源，防范疫情资金的项目。与快速通道专用基金相比，应对疫情长期反应措施的实施范围更广，涉及农业、医疗、教育、环境等多方面。据世界银行统计，截至 2022 年 7 月 15 日，世界银行在全球开展了 731 个应对疫情的帮扶项目，涉及 1 987 个地方，131 个国家，投入金额 1 211.4 亿美元（图 3.8）。

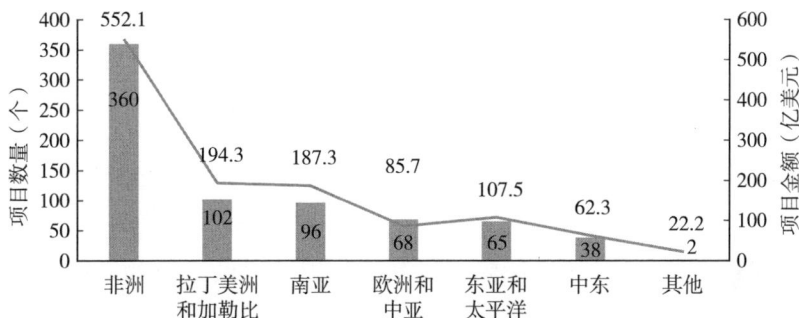

图 3.8　截至 2022 年 7 月 15 日世界银行应对疫情的长期反应措施

数据来源：根据世界银行 https://maps. worldbank. org/projects/wb/region/South%20Asia? active＝1&closed＝1&covid19＝true 应对 COVID‑19 实施项目统计数据整理绘制。

注：采取世界银行疫情统计地区划分标准；图中非洲是指覆盖东非和西非的跨区域整体项目，其他包括世界范围能源支持及疫苗支持项目。

截至 2022 年 7 月 15 日，依据世界银行应对疫情长期反应措施数据，对印度的帮扶项目数量最多（22 个）、金额最大（70.6 亿美元），占总金额的 5.83%；非洲是受帮扶项目最多（360 个）、金额最大（552.1 亿美元）的地区，占总金额的 45.58%。

联合国成立的疫情快速通道专用基金与采取的长期反应措施等多维应对措施长短结合，从多个维度帮助多个经济体抗击疫情。

（四）国际货币基金组织：积极援助成员国，助力各国稳定发展

1. 国际货币基金组织的援助措施

（1）财政援助和债务减免。国际货币基金组织向受疫情影响的成员国提供财政援助和债务减免。自 2020 年 3 月至 2022 年 3 月，国际货币基金组织已向成员国提供约 2 500 亿美元的援助，占 IMF 总贷款能力的 1/4。为保证被援助国对 IMF 援助资源的有效使用，国际货币基金组织在向成员国提供援助的同时，还要求成员国承诺采取相应的治理措施。

目前，国际货币基金组织已经对 90 个国家提供 139.651 亿特别提款权①的经济援助，与发达国家相比，国际货币基金组织更多地向欠发达地区提供援助。分地区看，国际货币基金组织对撒哈拉以南非洲国家的援助最多，共援助了 39 个国家；对西半球的援助金额最多，达到 85.069 亿特别提款权，占国际货币基金组织总援助金额的 69.63%；欧洲是援助国家数量和援助金额最少的地区，共援助了 7 个国家，提供 4.819 亿特别提款权（图 3.9、表 3.4）。

（2）国际货币基金组织贷款能力。国际货币基金组织积极地向面临危机的成员国提供资金支持，为这些国家赢得喘息的空间，以恢复经济稳定和经济增长。据国际货币基金组织统计，国际货币基金组织能够向成员国提供约 1 万亿美元的贷款，其资金有三个不同来源：第一道防线——基于份额的资源，第二道防线——多边借款安排，第三道防线——双边借款协议（图 3.10）。

---

① 特别提款权（Special Drawing Right，SDR）是国际货币基金组织根据会员国认缴的份额分配的，可用于偿还国际货币基金组织债务、弥补会员国政府之间国际收支逆差的一种账面资产。其价值由美元、欧元、人民币、日元和英镑组成的一篮子储备货币决定。截至 2022 年 10 月 20 日，特别提款权兑美元汇率为 1 美元＝0.746 9 特别提款权。

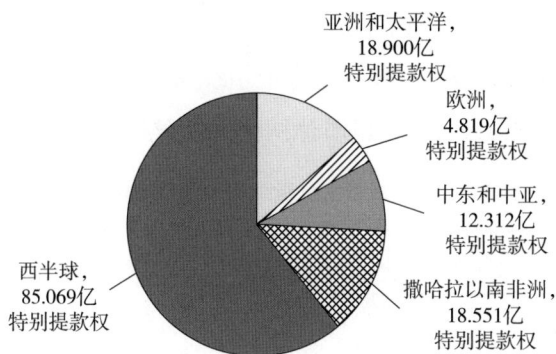

图 3.9　国际货币基金组织对各地区的经济援助占比

数据来源：根据国际货币基金组织 COVID-19 Financial Assistance and Debt Service Relief 的数据整理绘制。

表 3.4　国际货币基金组织对各地区的经济援助

地区	援助国家数量 （个）	特别提款权批准的金额 （亿特别提款权）	以美元计的批准金额 （亿美元）
亚洲和太平洋	9	18.900	26.227 8
欧洲	7	4.819	66.769 3
中东和中亚	14	12.312	170.212 8
撒哈拉以南非洲	39	18.551	259.342 4
西半球	21	85.069	1 183.150 6

数据来源：根据国际货币基金组织 COVID-19 Financial Assistance and Debt Service Relief 的数据整理。

第一道防线	第二道防线	第三道防线
基于份额的资源 4 400亿美元 （3 200亿特别提款权）	多边借款安排 1 960亿美元 （1 430亿特别提款权）	双边借款协议 3 440亿美元 （2 500亿特别提款权）
在正常时期，国际货币基金组织使用其基于份额的资源来提供贷款融资	如果认为其份额资源可能不足，例如在发生重大金融危机时，国际货币基金组织可以启动新借款安排（NAB）	作为第三道防线，国际货币基金组织可以在出现尾部风险时，利用双边借款协议来补充其份额和新借款安排资源
国际货币基金组织贷款资金来源		

图 3.10　国际货币基金组织贷款资金来源

资料来源：根据国际货币基金组织 At a Glance：the IMF's Firepower 的数据整理绘制。

2. 财政援助

(1) 财政援助类型。国际货币基金组织有多种贷款工具，针对不同类型的国际收支需求以及成员国的具体国情确定财政支持方式（表3.5）。

表 3.5　国际货币基金组织财政援助的贷款类型

目的	措施	财政支持	持续时间	贷款条件
满足当前、预期或潜在的国际收支需求	备用安排	普通资金账户	最长 3 年，通常 12～18 个月	事后
	备用信贷	减贫与增长信托基金	1～2 年	
满足长期的国际收支需求/获取中期援助	中期贷款	普通资金账户	4 年左右	事后，侧重于结构性改革
	中期信贷	减贫与增长信托基金	3～4 年，可延长至 5 年	
满足实际和紧急的国际收支需求	快速融资工具	普通资金账户	直接购买	没有由基金组织支持的项目/事后条件，但可能事先采取行动
	快速信贷	减贫与增长信托基金	直接支付	
满足当前、预期或潜在的国际收支需求（非常强健的基本面与政策）	灵活信贷额度	普通资金账户	1 或 2 年	事前（资格标准），对两年安排开展年度审查
满足当前、预期或潜在的国际收支需求（稳健的基本面与政策）	预防性或流动性额度	普通资金账户	6 年（流动性窗口）或 1 年或 2 年	事前（资格标准）和事后
非融资/信号形式的工具	政策支持工具	—	1～4 年，可延长至 5 年	事后
	政策协调工具	—	6 个月至 4 年	

资料来源：根据国际货币基金组织 *IMF Lending* 的数据整理。

国际货币基金组织的资金支持账户有两类：普通资金账户和减贫与增长信托账户。从支持成员国类型看，所有国际货币基金组织成员都有资格以非优惠条件获得基金组织在普通资金账户中的资金，而减贫与增长信托主要针对低收入国家。从期限看，普通资金账户支持的项目预计将在项目期内解决成员国的国际收支问题，而减贫与增长信托资金支持的项目则期望在更长时间内解决国际收支问题。

各项援助措施及其适用情况如下：

备用安排、备用信贷：为解决短期或潜在的国际收支问题，国际货币基金组织针对陷入危机的新兴经济体和发达市场经济体采取备用安排援助措施，针对低收入国家提供备用信贷机制。

中期贷款、中期信贷：这两种措施是基金组织向面临长期国际收支问题的低收入国家给予中期支持的主要工具。

灵活信贷额度或预防性、流动性信贷额度：为预防或减缓危机，并在风险加剧时增强市场信心，已采取强有力政策的成员国可以利用灵活信贷额度或预防性和流动性信贷额度。

快速融资工具、快速信贷：因商品价格冲击、自然灾害和国内脆弱性问题而面临国际收支迫切需求的低收入国家，则可通过快速融资工具、快速信贷获得紧急援助。

政策支持工具、政策协调工具：这两类工具不提供资金支持，政策支持工具只适用于能够使用减贫与增长信托基金的成员国，政策协调工具适用于能使用普通资金账户或减贫与增长信托基金的成员国。

(2) 财政援助情况。截至 2022 年 6 月 30 日，国际货币基金组织有效贷款承诺总批准金额为 1 062.29 亿美元，一般资源账户对于各国的援助力度大于减贫与增长信托账户。其中，在一般资源账户中，备用安排批准金额为 5 986.90 万美元，中期贷款批准金额为 470.39 亿美元，灵活信贷额度批准金额为 468.10 亿美元，预防性和流动性信贷批准金额为 18.84 亿美元，短期流动性贷款批准金额为 25.29 亿美元。在减贫与增长信托账户中，中期贷款批准金额为 71.74 亿美元，备用信贷批准金额为 1.94 亿美元。

从国家分布看，国际货币基金组织对成员国应对疫情的支援主要集中在非洲、南美等地区（图 3.11、图 3.12）。据国际货币基金组织统计，一般资源账户对墨西哥、阿根廷的援助金额最高，分别为 356.5 亿

美元和 319.1 亿美元；减贫与增长信托账户对苏丹、刚果（金）的援助
金额最高，分别为 17.3 亿美元和 13.9 亿美元。

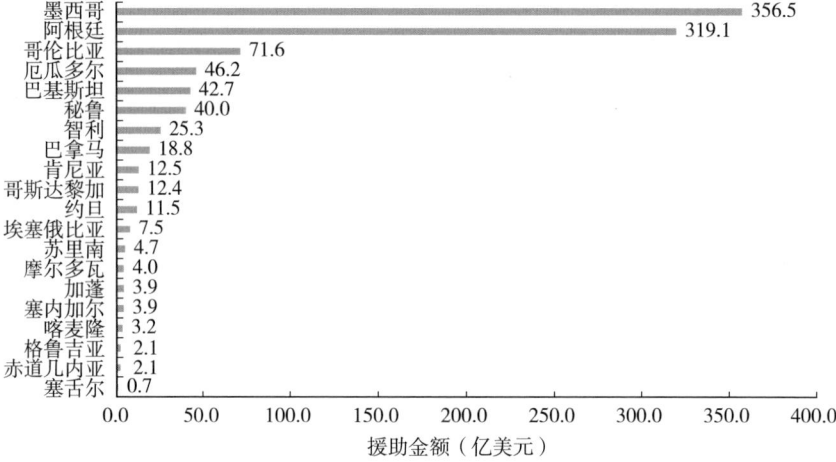

图 3.11　一般资源账户援助金额

数据来源：根据国际货币基金组织 *Active IMF Lending Commitments as of June 30，2022* 的数据整理绘制。

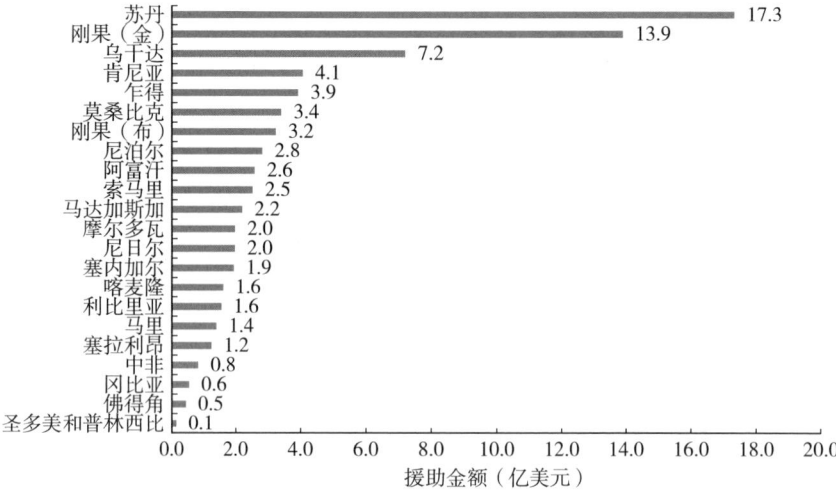

图 3.12　减贫与增长信托账户援助金额

数据来源：根据国际货币基金组织 *Active IMF Lending Commitments as of June 30，2022* 的数据整理绘制。

3. 债务减免

国际货币基金组织在提供债务援助的同时，还发起巨灾遏制和救济信托基金（CCRT），该基金允许国际货币基金组织为遭受灾难性自然灾害或公共卫生灾难打击的最贫穷和最脆弱的国家提供债务减免赠款。针对暴发的新冠疫情，国际货币基金组织通过了一系列 CCRT 改革，旨在更好地为受疫情影响严重的成员国提供援助。

为应对疫情，国际货币基金组织共发起了五次债务减免活动，时间分别为：2020 年 4 月 14 日至 10 月 13 日、2020 年 10 月 14 日至 2021 年 4 月 13 日、2021 年 4 月 14 日至 10 月 13 日、2021 年 4 月 14 日至 10 月 15 日、2021 年 10 月 16 日至 2022 年 1 月 10 日。五次债务减免使 31 个成员国共获得了 6.9 亿特别提款权的债务减免（图 3.13）。

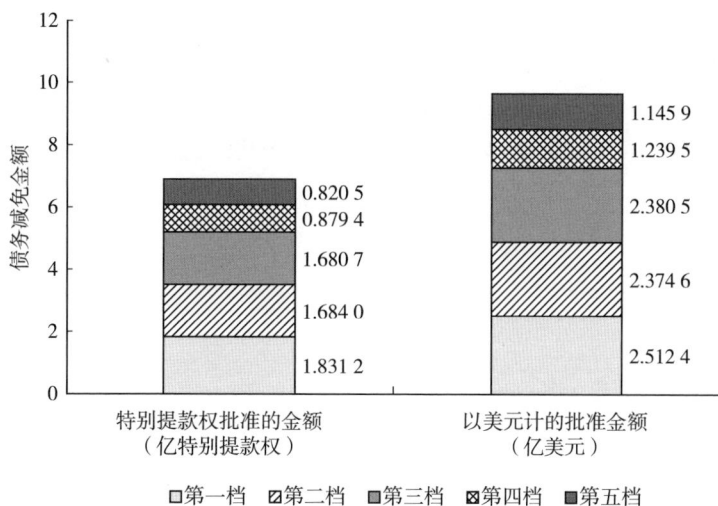

图 3.13　五次债务减免金额

数据来源：根据国际货币基金组织 *COVID-19 Financial Assistance and Debt Service Relief* 的数据整理绘制。

依据国际货币基金组织数据，在非洲、亚洲、大洋洲、美洲实行债务减免政策的国家数分别为 24 个、5 个、1 个、1 个。其中，向几内亚批准的特别提款权金额最高，达到 6 916 亿特别提款权（表 3.6）。国际货币基金组织所批准的 31 个债务减免国家均为发展较为落后的国家，人均 GDP 均在 2 500 美元/人以下。对比人均 GDP 和特别提款权批准额，可见人均 GDP 越低，国际货币基金组织批准的特别提款权金额越高。

表 3.6　各国债务减免情况

国家	债务减免批次	特别提款权批准的金额（亿特别提款权）	人均 GDP（美元/人）	所属地区
贝宁	第一、二、三、四、五批	2 335	1 428	非洲
布基纳法索	第一、二、三、四、五批	3 956	918	非洲
布隆迪	第一、二、三、五批	1 796	236	非洲
中非	第一、二、三、四、五批	1 298	511	非洲
乍得	第二、三、四批	1 012	696	非洲
科摩罗	第一、二、三、四、五批	309	1 494	非洲
刚果（金）	第一、二、三批	2 970	2 213	非洲
吉布提	第一、二、三、五批	602	3 363	非洲
埃塞俄比亚	第一、二、三、四、五批	1 401	943	非洲
冈比亚	第一、二、三、四、五批	794	835	非洲
几内亚	第一、二、三、四、五批	6 916	1 174	非洲
几内亚比绍	第一、二、三、四、五批	444	812	非洲
莱索托	第四、五批	384	1 166	非洲
利比里亚	第一、二、三、四、五批	4 534	673	非洲
马达加斯加	第一、二、三、四、五批	1 537	514	非洲
马拉维	第一、二、三、四、五批	3 284	642	非洲
马里	第一、二、三、四、五批	3 000	917	非洲
莫桑比克	第一、二、三、四批	2 160	500	非洲
尼日尔	第一、二、三、四、五批	2 206	594	非洲
卢旺达	第一、二、三、四、五批	5 007	833	非洲

国家	债务减免批次	特别提款权批准的金额（亿特别提款权）	人均 GDP（美元/人）	所属地区
圣多美和普林西比	第一、二、三、四、五批	69	2 449	非洲
塞拉利昂	第一、二、三、四、五批	5 824	515	非洲
坦桑尼亚	第一、二批	1 857	1 135	非洲
多哥	第一、二、三批	693	992	非洲
吉尔吉斯斯坦	第四、五批	919	1 276	亚洲
尼泊尔	第一、二、三、五批	1 356	1 222	亚洲
阿富汗	第一、二、三批	720	516	亚洲
塔吉克斯坦	第一、二、三、四、五批	1 956	897	亚洲
也门	第一、二、三、五批	4 733	690	亚洲
所罗门群岛	第一、二、三、四、五批	10.23	2 336	大洋洲
海地	第一、二、三、四、五批	1 522	1 814	美洲

数据来源：根据国际货币基金组织 COVID-19 Financial Assistance and Debt Service Relief 的数据整理。

三、应对疫情与推进减贫的效果

随着疫情大流行，2020 年，多个国家或经济体实施大规模封锁和边境关闭，全球实际 GDP 和贸易量分别下降了 3.5％和 8.3％，是自第二次世界大战和大萧条以来，实际 GDP 下降最快的年份。为应对疫情，全球各经济体和国际组织均采取了多种形式的社会保障措施，以及积极的金融政策和财政政策，助推经济复苏，助力减贫。

（一）积极的金融政策，助力金融稳定

疫情引发的大规模宏观金融冲击，给金融业带来了巨大压力。2020 年，世界各国采取了一系列措施，减轻疫情对健康和经济的影响。金融部门主要采取四类政策措施。第一类，支持银行业，主要通过监管救济

（如鼓励使用资本和流动性缓冲，灵活处理不良贷款和资产分类）和向借款人提供直接支持（如暂停债务偿还，促进贷款重组）来促进信贷流向实体部门，同时确保银行资产负债表的透明度和健全性。第二类，提供流动性和资金支持，涵盖旨在为金融中介机构保持充足流动性和融资条件的措施（如直接注入流动性，降低存款准备金要求，中央银行之间的美元额度互换）。第三类，完善支付系统，旨在保障支付系统平稳运行，包括促进数字支付。第四类，支持金融市场和非银行金融机构，主要侧重于确保金融市场的正常运作（如断路由器、禁止卖空、市场监管机构的其他措施）以及向非银行金融机构（包括资产管理公司、保险公司和养老基金）提供支持和监管指导。

根据世界银行 COVID－19 金融部门政策应对数据库数据，截至2021 年 11 月 30 日，150 多个经济体出台了 4 000 多项金融政策应对疫情冲击，稳定金融市场，支持实体经济发展。在全球范围内，大多数政策属于支持银行业务（2 233 项，占 55.45%），其次是提供流动性和资金支持（912 项，占 22.65%）。约 95% 的经济体至少实施了两项措施，69% 的经济体至少实施了三项措施，超过 36% 的经济体实施了四项措施，几乎所有国家至少采取了银行业或流动性和资金这两项政策措施的一种，约 75% 的国家在支付系统或金融市场和非银行金融机构类别中至少采用了一种。

金融政策类型、规模和时间因国家而异。全球大部分经济体采取了宽松货币政策应对疫情，为市场提供了流动性支持，为新兴市场和发展中经济体赢得应对机会。发达国家积极的金融政策对新兴市场和发展中国家有积极的影响。

（二）积极的财政政策，促进经济增长

疫情阻碍了生产能力和消费能力。截至 2021 年 9 月 27 日，许多经济体为应对疫情而宣布或采取的主要财政措施包括两大类：第一类是增

加政府支出和减少税收（额外支出或放弃收入），第二类是通过向企业提供贷款、增加资本投资等形式（流动性支持）带动经济复苏。2020年10月至2021年10月，流动性支持从5 791亿美元增至6 117亿美元，仅增加了5.63%，然而额外支出或放弃收入从5 953亿美元增至10 793亿美元，增加了81.30%（图3.14）。

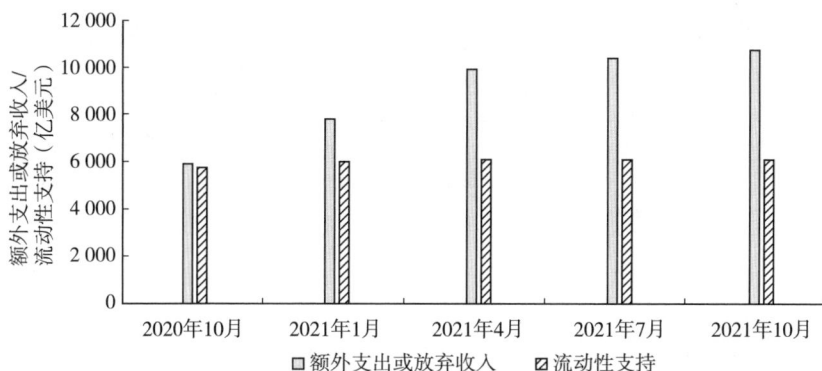

图3.14　2020年10月至2021年10月全球财政政策支持

数据来源：根据《应对COVID-19疫情的国家财政措施财政监测数据库》各期数据整理绘制。

从财政措施占GDP的比重来看，额外支出或放弃收入占2020年GDP的平均比重升至10.2%，财政政策支持程度与疫情相关。截至2021年10月，G20新兴市场财政支持政策的国别差异最小，其他发达经济体、其他新兴市场的财政支持国别差异较大（图3.15）。受疫情影响，G20发达经济体中意大利、日本、德国和美国的财政支持政策占GDP的比重分别为46.2%、45.1%、43.1%和36.0%，此外毛里求斯和东帝汶的财政政策力度也较大。

巨额的财政支出支持了经济反弹，世界银行《全球经济展望2022》预计2021年全球各区域的实际GDP增速均恢复至疫情前水平，2022年除欧洲和中亚地区实际GDP增速为－2.2%以外，其他区域经济持续复苏。

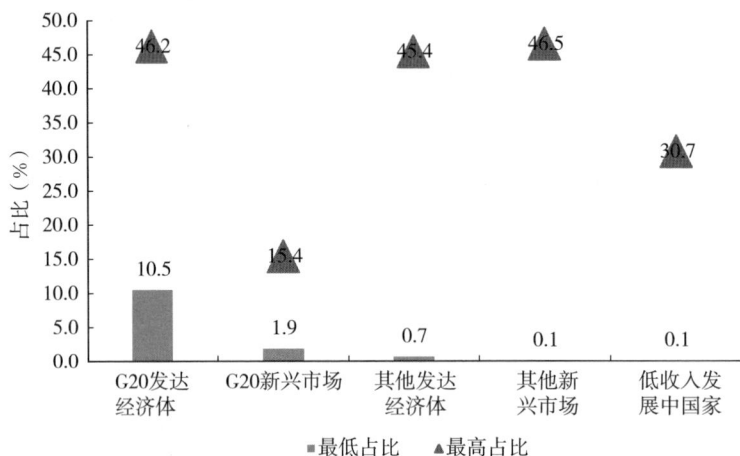

图 3.15　截至 2021 年 10 月各类经济体财政支持政策占 GDP 的比重范围

数据来源：根据《应对 COVID‐19 疫情的国家财政措施财政监测数据库》各期数据整理绘制。

（三）社会保护和劳动措施形式多样，推动减贫进程

社会保护和劳动措施内容丰富。社会援助是最重要的社会保护和劳动措施，现金转移支付和实物转让是社会援助的主要形式。根据世界银行统计，截至 2022 年 1 月，223 个经济体共计划或已实施 3 856 项社会保护和劳动措施。其中，社会援助占 61%，是全球各经济体采取的主要形式，其次是劳动力市场计划（20%）和社会保险（19%），尤其是在南亚和低收入国家，社会援助占社会保护和劳动措施的比重高达 78%。203 个国家的 962 项措施涉及疫情的现金转移支付，约占社会保护和劳动措施总额的 25%，占社会援助总额的 41%[①]。以无条件转让和学校供餐形式的粮食转让占社会援助的 20% 左右。

从覆盖范围来看，2020—2021 年，社会援助计划覆盖人数超过

———————

① 如果包括社会养老金，措施总数将高达 1 023 项，基于现金措施占社会保护和劳动措施，以及占社会援助总额的份额，将分别飙升至 26.5% 和 43.5%。

13.9 亿人；其中现金转移约惠及 13.6 亿人，是各经济体使用最广泛的干预措施。分国家/区域和收入来看，北美及东亚和太平洋地区约有一半人口至少收到一笔现金转移支付，而非洲仅有 1/10 的人口收到了现金转移支付。在中等收入国家，约 1/4 的人口获得保障，低收入国家的覆盖率约为 8%（图 3.16）。

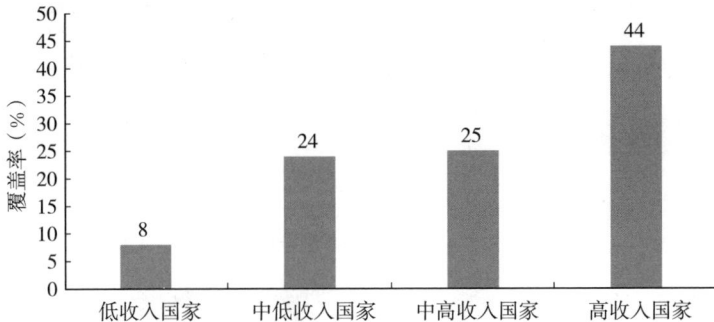

图 3.16　不同收入组国家的现金转移支付覆盖率

数据来源：Gentilini，Ugo；Almenfi，Mohamed；Orton，Ian；Dale，Pamela. 2020. Social Protection and Jobs Responses to COVID－19：A Real－Time Review of Country Measures. © World Bank，Washington，DC. https://openknowledge. worldbank. org/handle/10986/33635.

社会保障支出倍增。2020—2021 年，全球各国在社会和劳动干预措施上的投资总额超过 3 万亿美元，目前支出水平约占整体刺激方案的 18%，估计比 2008—2009 年大衰退期间的社会保障支出水平高 4.5 倍左右。各国的社会保护和劳动支出平均占 GDP 的 2%，但存在显著的地区差异（图 3.17）。

社会援助支出占社会保护和劳动措施总支出的 65% 以上（图 3.18）。2020 年 1 月以来，大多数国家推出了工资补贴、劳动力市场法规、缩短工作时间安排，以及涉及培训和安置援助的激活政策等四项供给侧劳动力市场政策。在全球范围内，约 84% 的国家至少推出了其中一项政策。推出的 788 项政策中，36% 是劳动法规调整，约 17% 是缩短工作

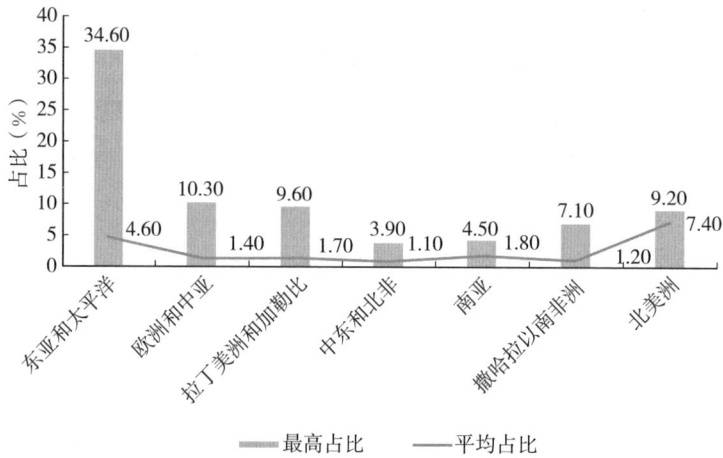

图 3.17   2020—2021 年各地区社会保护和劳动支出占 GDP 的比重

数据来源：Gentilini, Ugo; Almenfi, Mohamed; Orton, Ian; Dale, Pamela. 2020. Social Protection and Jobs Responses to COVID‑19：A Real‑Time Review of Country Measures. © World Bank, Washington, DC. https://openknowledge. worldbank. org/handle/10986/33635.

时间安排，约 30% 是工资补贴，18% 是激活措施。虽然项目分布因收入群体存在差异，但是不同收入群体的激活措施占比相似。低收入国家注重调整劳动监管、缩短工作时间安排，而高收入国家除了劳动监管外，更青睐工资补贴。调整劳动力监管和缩短工作时间的偏好随收入水平的升高而降低，中高收入和高收入国家更倾向工资补贴。

　　除了针对正规和非正规工人外，青年、移民和其他群体也是与疫情有关的劳动力市场政策最受关注的群体。在各国制定的劳动力市场供给侧政策中，针对青年和移民的政策占比分别为 32% 和 28%。此外，41% 的政策针对父母以及残疾人、求职者和老年人等其他弱势群体。各国制定了针对弱势群体的具体新政策。针对青年的主要政策是激励措施和工资补贴。马尔代夫政府主要是在旅游、建筑及信息和通信技术部门推出了一项针对年轻人的培训方案，使他们能够发展技能。英国推出了

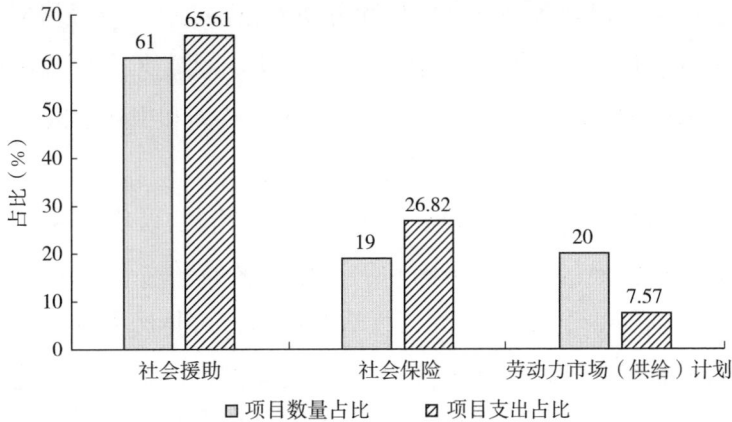

图 3.18　2020—2021 年全球各国的社会保护和劳动支持项目数量与支出占比

数据来源：Gentilini，Ugo；Almenfi，Mohamed；Orton，Ian；Dale，Pamela. 2020. Social Protection and Jobs Responses to COVID - 19：A Real - Time Review of Country Measures. © World Bank，Washington，DC. https://openknowledge. worldbank. org/handle/10986/33635.

一项财政支持计划——Kickstart 计划，旨在通过覆盖 100％的最低工资来鼓励安置和雇用年轻人。在乌兹别克斯坦，政府禁止终止其子女感染新冠病毒或在其照管下被隔离的雇员的雇佣合同，还敦促雇主将工人，特别是老年人、残疾人和慢性病患者调到弹性工作时间或居家工作，移民主要受益于工作许可证调整。卢森堡与法国和比利时达成协议，允许这些国家的跨境工人在疫情暴发后远程工作，而免受金融税的不利影响。奥地利、古巴、毛里求斯、巴拿马和西班牙等国政府将移民就业许可证的有效期延长了一年。

良好的社会保护和劳动措施有效保护了弱势和濒贫群体，2022 年 5 月，国际劳工组织关于劳动世界的监测报告（第九版）显示，2021 年底，大多数高收入国家的就业已恢复到危机前水平，甚至高于危机前水平。

虽然危机重叠，但是各经济体和国际组织或机构采取的积极金融政策和财政政策，以及各种社会保护和劳动措施，支持全球经济复苏，推进减贫进程。据《全球经济展望 2022》预计，2021 年全球各区域的实际 GDP 增速均恢复至疫情前水平，2022 年除欧洲和中亚地区实际 GDP 增速为−2.2%以外，其他区域经济持续复苏。

从全面衡量经济社会发展水平的人类发展指数（HDI）来看，2021 年东亚和太平洋地区、拉丁美洲和加勒比地区的平均 HDI 已经止跌回升，增速分别为 0.13%和 0.38%。与此同时，可持续发展目标以消除贫困为首要目标，2021 年东欧和中亚、大洋洲，以及中东和北非的可持续发展指数比 2020 年分别提高了 0.67%、0.93%和 1.20%，2022 年除中东和北非以外，东南亚、东欧和中亚、拉丁美洲和加勒比、撒哈拉以南非洲，以及大洋洲的可持续发展指数增速分别为 0.26%、0.34%、1.39%、3.21%和 4.53%（图 3.19）。

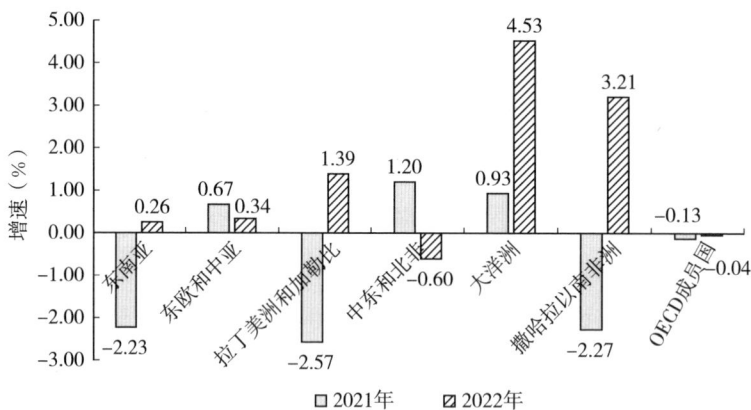

图 3.19 2021 年和 2022 年全球各区域可持续发展指数增速

数据来源：根据《可持续发展报告 2021》《可持续发展报告 2022》的数据整理绘制。

第四章

中国巩固拓展脱贫攻坚成果及推进乡村振兴的经验做法

一、统筹推进疫情防控与脱贫攻坚

2019年12月以来，新冠疫情逐渐席卷全球，截至2022年7月3日，全球已累计有确诊病例超5.46亿例，累计死亡病例超630万例①。新冠疫情对于世界人民的生命安全造成了极大伤害，同时成为世界经济发展和贫困治理的巨大阻碍。

面对见所未见且传染性强、伤害性大的新冠病毒，作为世界人口最多的发展中国家，中国顽强抵抗了这一全球卫生领域前所未有的挑战，迅速控制了武汉疫情，全面展开全国防疫工作，同时持续积极推进全国脱贫攻坚工作。目前，中国在患病率和人口因疫情死亡率方面保持世界最低水平，并在2020年末完成全面脱贫，为全球统筹疫情防控与反贫困工作提供了富有价值的中国经验（图4.1）。

（一）疫情对中国脱贫攻坚形成的多方面阻力

贫困人口外出务工困难。2020年统计数据显示，在中国，外出务工已经涉及2/3的贫困家庭，这些家庭2/3左右的收入来自务工②。疫

---

① World Health Organization，Weekly epidemiological update on COVID - 19 - 6 July 2022，www. who. int/publications/m/item/weekly - epidemiological - update - on - covid - 19 - 6 - july - 2022。

② 欧青平，2020年11月19日国务院新闻办公室新闻发布会。

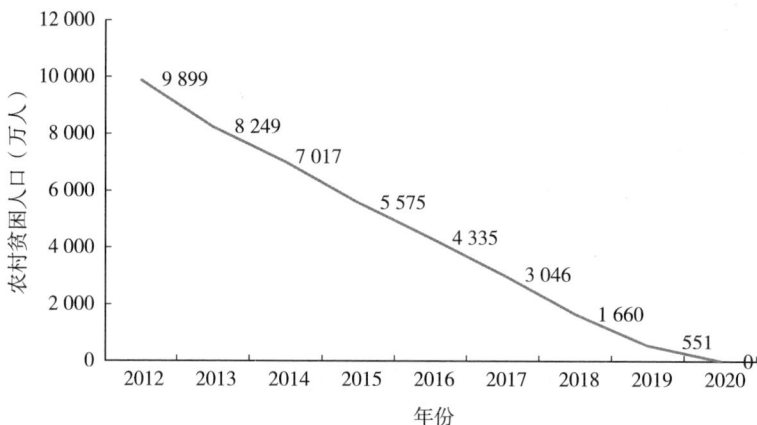

图 4.1　中国农村贫困人口变化趋势

数据来源：Wind。

情对于人口流动限制导致的外出务工困难，将直接导致贫困人口工资性收入降低。同时，外出务工贫困人口就业聚集的服务业、劳动密集型制造业也在疫情中受挫严重，普遍出现减员降薪等情况。疫情给中国1.7亿外出农民工[①]带来不小的压力。

扶贫产业生产经营受挫[②]。农业、乡村旅游业是扶贫产业的主力军。在疫情影响下，农业的各个生产消费环节如农机物资运输、农业耕种养殖、农产品运输和农产品销售均不同程度受阻[③]。乡村旅游业亦几经停摆，短时间难以恢复。相关调查成果显示，疫情对涉农扶贫企业的生产经营造成了很大冲击，不少企业销售额减少、盈利大幅下降、存在严重的生存危机，土地和劳动力投入以及农产品收购明显收缩，扶贫带动能力下降[④]。扶贫产业的后续发展面临着巨大挑战。

[①]　国家统计局，2021. 2021 年农民工监测调查报告［R］.

[②]　张伟，2021. 新冠肺炎疫情对农村脱贫的影响及对策构建［J］. 甘肃农业（2）：42 - 44，48.

[③]　叶兴庆，程郁，周群力，等，2020. 新冠肺炎疫情对 2020 年农业农村发展的影响评估与应对建议［J］. 农业经济问题（3）：4 - 10.

[④]　阮荣平，王若男，程郁，2022. 新冠肺炎疫情中的涉农扶贫企业：生产经营、扶贫带动与政策环境：基于全国 1 269 个涉农扶贫企业调查数据的分析［J］. 农业技术经济（4）：32 - 49.

贫困人口健康风险加剧[①]。贫困地区的医疗和防控基础条件通常较差，老年群体占比较高，患病风险和患病造成的健康风险都较大。外出务工的贫困人口生活和工作具有较高的流动性，患病概率偏高。同时因其工作特性，一旦感染就容易面临一段时间内失去收入来源甚至失业的窘况。

（二）疫情背景下中国特色扶贫实践

面对疫情导致的脱贫攻坚工作困难，中国选择迎难而上，在疫情背景下进行了许多卓有成效的富有中国特色的扶贫实践。

兼顾防疫与社会生产。进行地区分级管控，精准落实防疫政策。面对复杂多变的疫情，中国实行动态的风险等级划分制度，即根据每个地区的疫情传播情况，将地区的防疫风险等级划分为低、中、高三类，并在不同风险等级的地区，实行强度不同的防控政策。这一制度使得中国在全国疫情重点防控及时动态清零的同时，也能维持大部分地区的经济社会正常运转，实现防疫与发展的兼顾。具体的划分根据与各划分等级的具体防控政策，也适应国内各地区疫情发展阶段的变化进行即时更新迭代，充分体现了中国防疫政策的坚决性与灵活性。而对于区域重点产业和一些扶贫产业，各地也通过"生产生活闭环"的方式，通过对于人流、物流的精准化核酸检测和流量控制，来保证其生产活动能够在健康安全的环境下有序进行。其中，针对不同产业的生产作业活动，各地政府亦根据其活动特点，提出相应的防控办法与生产指导政策。

专栏 4.1　疫情下中国农业生产分级管控政策

2022 年 4 月 22 日，中国农业农村部、国家卫生健康委印发《统

---

① 张开云，李倩，蓝忻怡，2020. 新冠肺炎疫情对脱贫攻坚的影响及其治理路径：基于可持续生计模型的分析 [J]. 岭南学刊（4）：105 - 109，115.

筹新冠肺炎疫情防控和春季农业生产工作导则》，提出没有发生疫情的地区，要落实常态化防控要求，保证农业生产正常开展；发生疫情的防范区，在落实限制人员聚集等管控措施的基础上，要保证农资农机、农产品流通和务农人员流动，确保农事活动正常开展；管控区要在采取核酸检测、闭环管理等措施的基础上，允许农民正常户外作业，对大棚等封闭场所采取错时错峰、"两点一线"等方式作业，确保农业生产有序开展。

加大资金支持力度。集中力量解决难点痛点，对当时未摘帽的 52 个贫困县和 1 113 个贫困村实施挂牌督战。查漏补缺全面解决"两不愁三保障"存在的问题。2021 年，中国衔接推进乡村振兴补助资金投入 1 561 亿元，比上年增加 100 亿元，其中用于产业发展的比例超过 50%。帮扶脱贫劳动力实现务工就业 3 145 万人，比上年增加 126 万人、增长 4.2%。脱贫人口人均纯收入达到 12 550 元，比上年增加 1 810 元、增长 16.9%。新增发放小额信贷超过 250 亿元，支持 57.3 万脱贫人口发展产业。2022 年，中国在资金侧持续发力。财政资金方面，中央财政预算安排衔接推进乡村振兴补助资金 1 650 亿元，同口径较上年增加 84.76 亿元，并加大对重点帮扶县的倾斜支持力度。引导攻坚期支持脱贫攻坚的相关转移支付，继续支持各地巩固拓展脱贫攻坚成果、衔接全面推进乡村振兴。金融支持方面，央行统计报告显示，至 2022 年二季度末，普惠小微贷款余额 21.96 万亿元，同比增长 23.8%；农户生产经营贷款余额 7.49 万亿元，同比增长 13.6%；创业担保贷款余额 2 602 亿元，同比增长 13.5%；助学贷款余额 1 394 亿元，同比增长 12.6%。2022 年二季度末，全国脱贫人口贷款余额 9 794 亿元，同比增长 14.5%，上半年增加 653 亿元。不断强化的资金支持力度显示出，疫情蔓延下，中国对于扶贫与防返贫的初心未改，步履不停。

加大就业帮扶力度。推动帮扶项目和帮扶龙头企业、帮扶车间开工复工。充分利用东西部帮扶协作机制组织劳动力外出务工和稳岗就业。设立帮扶公益性岗位，解决半劳力弱劳力的就业问题。为解决外出务工难题，各劳动力输入大省还采取"包车""包机"等方式，赴农村地区接务工人员返岗。在经历了2020年的巨大回落后，2021年中国外出农民工规模在跨省和省内流动两个层面上都有所提升（图4.2）。2022年中国亦坚持就业优先导向，中央财政就业补助资金安排617.58亿元，增加51.68亿元，并在上半年已下达597.58亿元，支持各地落实就业创业扶持政策。除延续实施失业保险稳岗返还政策，以继续保证劳动力返厂返工外，还提出2022年出现中高风险疫情地区的市县，可对因疫情严重影响暂时无法正常生产经营的所有参保企业，按每名参加失业保险的职工不超过500元的标准发放一次性留工补助，政策执行至2022年底。对于家境困难的毕业就业年轻群体，还重点出台国家助学贷款免息及本金延期偿还政策，免除2022年及以前年度毕业贷款学生2022年内应偿还的国家助学贷款利息，免息资金由财政承担；本金可延期1年偿还，不计罚息，预计可惠及400多万高校毕业生。

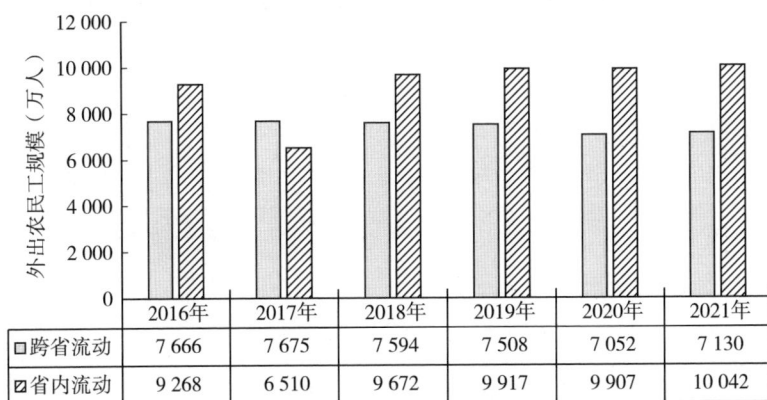

外出农民工规模（万人）	2016年	2017年	2018年	2019年	2020年	2021年
跨省流动	7 666	7 675	7 594	7 508	7 052	7 130
省内流动	9 268	6 510	9 672	9 917	9 907	10 042

图 4.2　2016—2021 年全国外出农民工规模

数据来源：国家统计局。

加大产业帮扶力度。延长扶贫小额贷款还款期限，加大帮扶产业专项资金投入，在税收、租金等多方面实施优惠政策，支持困难户维持和发展生产以自救。纾解和优化疫情下"三农"帮扶产业农资农产品流通不畅问题，保障农业生产活动，助力产业发展。鼓励和支持广大贫困户从事电子商务工作，依托电商综合服务网点，畅通贫困户农产品销售渠道，把剩余的农产品拿到网上销售，实现优势互补、互利互惠、合作共赢。2020 年 2 月，拼多多率先上线"政企合作，直播助农"计划，与全国多个地方政府和当地企业展开合作，联合近百名市县长，解锁直播助农新模式，助力农产品销量上涨。抖音、淘宝等平台也都相继积极开展直播助农模式。如淘宝直播上线"县长来了"村播项目。"百县计划"宣布与全国 100 个县域建立长期直播合作，培育农民主播，助力农产品"走出去"。政策方面，中国在"三农"转型政策以及精准扶贫政策方面亦对直播带货给予支持，鼓励直播带货在疫情背景下发挥助农作用，推进精准扶贫、精准脱贫。未来，直播助农的方式将成为中国农业产业链下游的新常态，中国农业与互联网的结合也将更加深入而丰富。

专栏 4.2　疫情下中国升级交通运输体系，保障农业生产活动

农资和农产品流通是保障农业生产作业、"菜篮子"工程、农民收入的关键。2022 年 4 月 22 日，农业农村部、国家卫生健康委印发的《统筹新冠肺炎疫情防控和春季农业生产工作导则》，在物资范围、运输车辆、运输人员、通行制度、流通节点等方面对于保障农资和农产品流通进行了全面的规定。同月份财政部、商务部、国家乡村振兴局出台的《关于支持实施县域商业建设行动的通知》，亦提出要完善县乡村三级物流配送体系，降低乡村物流成本、提高辐射面与可达性，保障农资和农产品流通，促进乡村增收与消费，兼顾了当下中国疫情防控与乡村振兴的重大任务。

二、巩固拓展脱贫攻坚成果同乡村振兴有效衔接

（一）守住不发生规模性返贫的底线

脱贫人口和脱贫地区农民收入持续增长。2021年，全国脱贫人口人均纯收入 12 550 元、同比增长 16.9%，脱贫地区农村居民人均可支配收入 14 051 元、同比增长 11.6%，均高于全国农村居民人均可支配收入（名义）10.5% 的增速。全国脱贫劳动力务工总数达到 3 145 万人，同比增加 126 万人、增长 4.2%。脱贫人口人均工资性收入占比达到 67.9%，同比提高 3 个百分点。脱贫劳动力就业规模稳中有增。2021年，全国脱贫劳动力务工总数达到 3 145 万人，同比增加 126 万人、增长 4.2%。全国申报个税的脱贫人口同比增长 15.9%，增幅同比提高 2.3 个百分点。脱贫人口人均工资性收入占比达到 67.9%，同比提高 3 个百分点，脱贫群众自我发展能力进一步增强[①]。

"两不愁三保障"和饮水安全水平进一步提升。脱贫人口生活条件持续改善，不愁吃不愁穿质量进一步提高；脱贫地区控辍保学力度不减，脱贫家庭义务教育阶段辍学学生实现动态清零；脱贫人口 2021 年参加基本医疗保险总体实现全覆盖，脱贫地区县乡村三级医疗服务体系进一步健全；农村危房改造和农房抗震加固改造有序推进，住房安全隐患得到及时排查解决；农村自来水普及率提升至 84%，饮水安全保障成果进一步巩固。

返贫致贫风险稳定消除。通过健全防止返贫动态监测和帮扶机制，持续投入资金和人员力量，对存在返贫致贫风险和突发严重困难农户，做到早发现、早干预、早帮扶。加强对可能引起脱贫户收入大幅下降、

---

① 刘焕鑫，《扎实做好巩固拓展脱贫攻坚成果同乡村振兴有效衔接工作》，党组学习中心，2022年。

支出大幅增加的因素进行监测，对可能导致脱贫户返贫的情况及时发现和预警。通过村级集中摸排、农户申报、各部门反馈等渠道，对脱贫不稳定户、边缘易致贫户纳入防返贫动态监测户。截至 2021 年 10 月底，全国共识别纳入防止返贫监测对象 526 万人，75% 已消除返贫致贫风险，剩下的 25%，正在采取有效措施加强帮扶，消除风险[①]。因灾返贫致贫风险得到有效化解。洪涝、地震、干旱等灾情涉及的 677 个脱贫县、138 个国家乡村振兴重点帮扶县、2.9 万个脱贫村、421 万受灾脱贫人口均落实了帮扶措施，没有出现因灾返贫致贫现象。

（二）脱贫攻坚成果得到巩固和拓展

全面建立防止返贫动态监测帮扶机制。注重监测脱贫对象的收入状况、"三保障"状况、饮水安全状况，落实"四个不摘"监测中实现"三早"原则：早发现、早干预、早帮扶。在国家层面，对各地工作进行定期调度、研究分析、情况通报，健全农村低收入人口的监测帮扶机制，立足国情和农情，分层分类做好救助工作，切实保障脱贫人口的基本生活。建立防止返贫监测和帮扶机制，落脚点在于对返贫致贫风险人口和已出现返贫、新致贫人口实施精准帮扶。精准分析返贫原因和精准界定返贫类型，坚持分类施策、因人因地施策、因返贫原因施策、因返贫类型施策。对于具备发展产业条件的监测对象，加强生产经营技能培训，提供扶贫小额信贷支持，动员龙头企业、专业合作社、创业致富带头人等带动其发展生产；对于有劳动能力的监测对象，加强劳动技能培训，通过劳务协作、车间建设等，帮助其转移就业；对于无劳动能力的监测对象，进一步强化低保、医疗、养老保险和特困人员救助供养等综合性社会保障措施，确保应保尽保；对于因病、因残、因灾等返贫致贫的家庭，及时落实健康扶贫和残疾人、灾害、临时救助等政策，保障其

---

① 国新办发布会解读中央 1 号文件《乡村振兴求好不求快》，澎湃新闻，2022 年。

基本生活。

促进脱贫县加快发展。脱贫县大多地处偏远，瓶颈制约多、产业基础弱，必须扶上马送一程，促进内生可持续发展。一方面，保持主要帮扶政策基本稳定。在完成脱贫攻坚任务后，中国继续坚持和完善驻村书记和工作队、东西部协作、对口支援、社会帮扶等制度，并根据形势和任务变化进行完善。持续严格落实摘帽不摘责任、摘帽不摘政策、摘帽不摘帮扶、摘帽不摘监管的"四个不摘"要求，防止贫困反弹。另一方面，进一步推进县域经济发展。充分发挥东西部协作、社会力量帮扶等中国特色的"对口"机制作用，加强脱贫地区与发达地区的经济交流，积极引导发达地区企业到脱贫县投资兴业，积极推动脱贫县承接发达地区产业转移。2022年上半年，财政部明确要求中央和地方预算单位按照不低于10％的比例预留食堂食材采购份额，通过"832平台"采购脱贫地区农副产品，各级预算单位累计采购38亿元。

易地搬迁后续扶持扎实推进。在3.5万个易地扶贫搬迁集中安置点（社区）全部选派驻村第一书记和工作队，持续跟踪检测安置点发展以及其中960多万搬迁脱贫群众生产生活情况。258.2万套搬迁安置住房全部完成不动产登记，基础设施和公共服务设施进一步健全，社区治理和社区融入总体良好。开展就业帮扶专项行动，帮助有劳动力的241.6万搬迁脱贫家庭就业403.5万人，总体实现有劳动力的家庭一户一人以上就业①。加大安置区产业培育力度，持续推进产业带动增收。补齐技术、设备、资金、营销等方面短板，提档升级，深化"四带一自"和"三有一网"产业模式，加大培育农业经营主体和产业致富带头人力度，各安置点努力培育1～2个特色产业。提升安置社区治理水平，确保搬迁群众稳得住、能融入、逐步能致富，防止发生社

---

① 刘焕鑫，《扎实做好巩固拓展脱贫攻坚成果同乡村振兴有效衔接工作》，党组学习中心，2022年。

会问题。

持续推进转移就业脱贫。在就业帮扶上，争取给脱贫户创造更多的就业机会。继续加大脱贫劳动力就业培训力度，确保有意愿的脱贫劳动力都能得到技能培训和就业服务。积极开发各类公益性岗位，吸纳脱贫户就近就业，强化现有公益性岗位管理，严格完善各地乡村级公益性劳务岗位管理办法，对公益性岗位人员出工实行绩效考核制，营造多劳多得、不劳不得的氛围，对不能胜任的岗位人员及时进行调整。推出并落实各地各类就业奖补申报政策，对脱贫户家庭成员有劳动力在外务工的，按照政策要求帮助每户申报就业补贴。2022年上半年，中国脱贫人口务工规模同比增加160万人，25个中西部省份均已完成目标任务。1—6月，就业困难人员就业85万人，同比持平；农村劳动力外出务工规模保持基本稳定；失业人员实现再就业250万人。

持续推进乡风文明建设。加强对脱贫户的政策宣传和思想教育，引导脱贫群众树立勤劳致富的思想观念。采取多种形式，严厉打击不履行赡养义务、遗弃老人等不道德的违纪违规违法行为。进一步健全"红黑榜"管理制度，完善"正威振风"超市管理机制，切实发挥积极作用，不断激发脱贫群众内生动力。坚持实施"等靠要"思想农户改造工程，进一步强化管理教育。持续开展扫黑除恶专项行动，对参与黄赌毒、封建迷信的农户加大打击力度。严格执行脱贫户每月一会工作制度，大力加强政策到户宣传，切实提高脱贫户对政策的知晓率。深入宣传精准扶贫、精准脱贫战略思想，大力推广脱贫攻坚先进的典型人物和事迹，持续开展"脱贫之星""致富带头人"评选表彰，激发脱贫群众尊老爱幼、自我发展的内生动力。

（三）巩固拓展脱贫攻坚成果同乡村振兴实现有效衔接

政策衔接全面落实。中央农村工作领导小组研究确定的33项衔接政策全部出台，财政、金融、土地、人才等支撑保障不断强化，逐步实现由集中资源支持脱贫攻坚向全面推进乡村振兴平稳过渡。国家层面确定 160 个国家乡村振兴重点帮扶县并出台 14 个方面倾斜政策，整体支持西藏、新疆脱贫地区发展。中西部 22 个省（自治区、直辖市）均出台有效衔接实施意见，结合实际调整优化脱贫攻坚期间的帮扶政策，总体形成了"1＋N"衔接政策体系。

帮扶衔接扎实有效。调整完善东西部协作结对关系，8 个东部省（直辖市）结对帮扶西部 10 个省（自治区、直辖市），投入财政援助资金 228.7 亿元、互派干部人才 2.3 万人。保持 305 家中央单位定点帮扶 592 个脱贫县工作总体稳定，向定点帮扶县投入和引进帮扶资金 669 亿元。包括 18.6 万名第一书记在内的 56.3 万名驻村干部全部完成轮换，接力棒顺利交接。实施"万企兴万村"行动，动员民营企业等更多社会力量参与乡村振兴。

考核衔接有序有力。统筹开展巩固脱贫成果后评估、东西部协作考核评价和中央单位定点帮扶工作成效考核评价，合并为巩固拓展脱贫攻坚成果同乡村振兴有效衔接考核评估。脱贫地区开展乡村振兴考核时，把巩固拓展脱贫攻坚成果纳入市县党政领导班子和领导干部推进乡村振兴战略实绩考核范围。与高质量发展综合绩效评价做好衔接，科学设置考核指标，切实减轻基层负担。

队伍衔接基本到位。各级党委农村工作领导小组一体承担巩固拓展脱贫攻坚成果、全面推进乡村振兴议事协调职责，省级和涉农市县乡村振兴机构全部挂牌。中央层面形成中央农办牵头实施、农业农村部统筹实施、国家乡村振兴局具体实施，"三位一体"从不同层面、不同角度共同抓乡村振兴的工作格局。东西部协作和中央单位定点帮扶深入开展，东西部协作省份签署 2022 年协作协议，正加快拨付财政援助资金，选派挂职干部和专业技术人才 5 902 人；中央单位均制订了年度帮扶计划，正抓紧落实帮扶措施，培训各类干部人才 11.3 万人次。

三、全面推进乡村振兴建设

习近平总书记指出，脱贫攻坚取得胜利后，要全面推进乡村振兴，这是"三农"工作重心的历史性转移；要在巩固拓展脱贫攻坚成果的基础上，做好乡村振兴这篇大文章。

（一）聚焦产业促进乡村发展

着力推进乡村一二三产业融合发展。横向挖掘乡村多元价值，推动休闲、旅游、康养、生态、文化、养老、电商等产业发展。纵向打造全产业链，持续推进农村一二三产业融合发展。推动东西部协作、中央单位定点帮扶、社会力量帮扶、驻村帮扶等各类帮扶力量，把促进产业发展作为重中之重。同时，鼓励人才返乡、干部回乡、企业下乡，为乡村产业兴旺提供更加有力的人才支持。强化龙头企业等新型农业经营主体带动作用，完善联农带农机制。支持各类农业社会化服务组织开展订单农业、加工物流、产品营销等社会化服务，让农民更多分享产业增值收益。

专栏 4.3　吉林省延边朝鲜族自治州光东村：少数民族特色的"民俗观光游"助力增收

吉林省延边朝鲜族自治州光东村是中国最大的朝鲜族聚集地，为增收致富寻找到了好方法，为村子注入了新动力。打造朝鲜特色民宿，有效利用空置资源。并将民房融入朝鲜族民俗文化，实现"一屋一品"，打造了"朝鲜族人家民宿"的独特品牌。鼓励村民参与就业，拓展村民增收致富渠道。注册农副产品商标，并打出光东村自己品牌的大米、木耳、蘑菇、蜂蜜等土特产品，由公司统一收

购、统一销售，帮助增加农民收入。利用东西部合作把光东村的大米销售到浙江，保证村民最大的收益。在吉林省"雪博会""东北亚展览会"宣传光东村的农副产品，提升知名度，并通过电商的模式让全国人民吃到健康、绿色的有机大米、木耳等。

着力发展县域富民产业。大力发展县域范围内比较优势明显、带动农业农村能力强、就业容量大的产业，推动形成"一县一业"发展格局，要立足统筹县域富民产业发展，科学布局生产、加工、销售、消费等环节，宜县则县、宜乡则乡、宜村则村，形成县城、乡镇、中心村分工合理的产业空间布局。同时，发挥各类产业园区平台带动作用，引导农产品加工业更多向县域、主产区转移，打造城乡联动的优势特色产业集群。支持大中城市疏解产业向县域延伸，引导产业有序梯度转移。大力发展县域范围内比较优势明显、带动农业农村能力强、就业容量大、促进财政增收的产业，推动形成县城、乡镇、中心村分工合理的产业空间布局。

健全完善帮扶项目联农带农机制。建立联农带农机制的帮扶项目，重点对脱贫人口和监测对象进行带动帮扶，有序带动其他农户发展。发挥农户主体作用。强化龙头企业等新型农业经营主体带动作用，带动农户参与产业发展，持续增加收入，科学合理确定带动方式和受益程度，建立"带得准""带得稳""带得久"的长效机制，既带动农户实现增收，又促进帮扶项目持续发展。推进特色种植、养殖业奖励补助，支持脱贫户自种自养发展1～3个稳定增收的特色种养项目，全面完成自种自养脱贫户产业达标任务。

发展高质量庭院经济。发展庭院特色种植，筛选市场前景好、附加值高的种植品种，发展庭院设施农业，因地制宜种植中药材、食用菌等附加值高的特色经济作物，形成与大田作物差异化、互补性发展。发展庭院特色养殖，推广适合庭院养殖的特色优良品种，优化养殖结构，应用养殖新技术、新模式，提高养殖效益。发展庭院特色手工，开发具有鲜明地域特点、民族特色、乡土特征的特色产品，培育乡村产业发展新的增长点。发展庭院特色休闲旅游，推进庭院经济与休闲农业、民宿旅游等融合发展，拓展庭院多重功能，促进农文旅融合。发展庭院生产生活服务，利用现有庭院开展代收代储、产品代销、原料加工、农资配送、农机作业等生产性服务，设立电商销售点、直播带货点、快递代办点等，开办小超市、小餐饮、理发店、修理店等生活性服务业，为村民提供便利服务，增加农户经营收入。

组建产业顾问组。支持脱贫县产业发展工作，采取"一县一组"的方式，推动产业顾问组与脱贫县科技服务需求精准对接，推动人才下沉、科技下乡、服务"三农"。认真梳理科技服务需求，精准匹配科技专家，及时确定对接关系，要把握重点任务，聚焦主导产业，提供决策咨询，加强技术指导，培养本土人才，促进成果转化。

（二）扎实稳妥推进乡村建设①

实施乡村建设行动。贯彻落实中共中央办公厅、国务院办公厅印发的《乡村建设行动实施方案》，认真组织实施 12 项重点任务。科学确定村庄分类，加快推进有条件、有需求的村庄编制村庄规划。建立乡村建设项目库，科学制定任务清单，选择一批项目纳入县级巩固拓展脱贫攻坚成果和乡村振兴项目库，研究建立乡村建设监测评价体系。推动村庄小型建设项目简易审批，规范项目管理，提高资金绩效。总结推广村民自治组织、农村集体经济组织、农民群众参与乡村建设项目的有效做法。明晰乡村建设项目产权，以县域为单位组织编制村庄公共基础设施管护责任清单。

---

① 《中共中央　国务院关于做好 2022 年全面推进乡村振兴重点工作的意见》，2022 年。

　　整治提升农村人居环境。分区分类推进农村生活污水和黑臭水体治理,健全生活垃圾收运处置体系,推动分类减量与资源化利用,加强村庄有机废弃物综合处置利用设施建设,推进就地利用处理。改善村庄公共环境,开展村庄清洁和绿化美化行动,加强乡村风貌引导,在县域范围内开展美丽乡村建设和美丽宜居村庄创建推介。

　　抓好农村厕所革命。从农民实际需求出发推进农村改厕,科学选择技术模式,宜水则水、宜旱则旱。具备条件的地方可推广水冲卫生厕所,统筹做好供水保障和污水处理;不具备条件的可建设卫生旱厕。加强厕所粪污无害化处理与资源化利用,强化改厕全过程质量管控,探索建立农村厕所革命信息化管理监督平台,推动形成高效稳定运行的农村厕所长效管护机制。

（三）加强和改进乡村治理

健全党组织领导的自治、法治、德治相结合的乡村治理体系。面对新阶段新任务，中国加强党对"三农"工作的全面领导，以体制机制保障夯实党的农村工作根基。坚持五级书记抓乡村振兴，发挥各级党委农村工作领导小组牵头抓总、统筹协调作用，层层压实责任。落实"四议两公开"制度，强化对村干部的监督。进一步提升农村基层党组织政治功能和组织力，提高组织协调各类治理主体的多元治理能力，发挥党组织在农村各种组织中的领导作用。配合组织部门深入推进抓党建促乡村振兴，完善县乡村三级治理体系。

继续推广乡村治理积分制。通过民主程序，将乡村治理各项事务转化为数量化指标，对农民日常行为进行评价形成积分，并给予相应精神鼓励或物质奖励，形成一套有效的激励约束机制。依托村民自治组织和各类群众性协商活动，将积分的主要内容、评分标准、运行程序等环节交由群众商定，广泛征求农民群众意见和建议，让农民群众全程参与积分制的制度设计，确保积分制符合农民群众意愿，维护农民群众民主权利。加强积分结果运用，树立正确导向，坚持精神鼓励为主、物质奖励为辅，正向激励为主、奖罚结合的原则，结合经济水平和群众需求创新奖励方式。建立乡村治理积分制示范基地，作为指导开展积分制的工作抓手，为推进积分制探索路径、总结经验，发挥辐射带动作用。

继续运用乡村治理清单制。将基层管理服务事项以及农民群众关心关注的事务细化为清单，编制操作流程，明确办理要求，建立监督评价机制，形成制度化、规范化的乡村治理方式。推动清单制运行"有章可循"，对清单事项、调整程序、落实执行、监督考核、保障措施等内容作出明确规定，编制清单事项流程图，明确清单名称、运行流程、法律依据等，通过政府信息公开、印发流程图手册、村委会公示等途径，让群众心中有数、干部照单履职。研究建立乡村治理指标体系和评价办法，努力把乡村治理抓出成效，让工作看得见、摸得着，农民有感知、真感受。建立清单制的配套举措，推动"互联网＋政务服务"向基层延伸，扩大智能化服务平台在乡镇和村的覆盖面，提高为农服务效率。

在乡村治理中广泛运用数字化、网络化、智能化技术。建立与乡村人口知识结构相匹配的数字乡村治理模式，着力解决农民最关心、最直接、最现实的利益问题。不断推动乡村网络体系全覆盖，建构数字"三农"协同应用平台，推广生产、流通、监管等核心业务数字化应用，让乡村数字经济发展壮大，城乡"数字鸿沟"逐步消除，努力打造系列国家数字农业展示窗口、乡村数字生活的品质标杆、乡村治理现代样板。2016—2020年，全国数字乡村发展指数年均增幅超过20％；近3年线上服务在县域农村成交额年均增长率超过100％。数据要素与生产要素、数字技术与农业产业的融合逐步深入，农业数字化、智能化转型加快。农村数字基础设施不断完善，信息化服务供给和公共服务场景日趋丰富。数字技术向农业全产业链渗透，推动了农业农村数字经济发展。随着数字乡村建设速度不断加快，区域发展差距缩小，未来数字乡村建设潜力巨大。

专栏4.5　浙江打造"数字三农"亮丽风景线

近年来，浙江省加快推进"三农"数字化改革，用数字化设备为农业注入工业化基因，实现农业种养的跨界融合，为乡村振兴提供创造力。四维生态科技（杭州）有限公司打造的植物工厂，依托企业研发的智控系统，对蔬菜所需的温度、湿度、光照、二氧化碳浓度及营养补给实施自动化控制，全年24小时运作，达到无农药残留与无重金属残留。工业化种植，管理可视化。只需打开手机App即可了解植物工厂的实时监测种植环境。该公司科研团队搞跨界融合，将光学、人工智能等专业学科应用于种植，除了植物工厂，还开发了集装箱种植系统、室内种植机等产品，在云南、天津、浙江等地已有合作项目落地应用。

推动公共服务下乡进村。加快推进以县城为重要载体的城镇化建设，加强普惠性、基础性、兜底性民生建设，强化县乡村公共服务统筹，推动县城增强综合服务能力，把乡村建设成服务农民的区域中心。实施新一轮学前教育行动计划，多渠道加快农村普惠性学前教育资源建设，办好特殊教育，深入推进紧密型县域医疗卫生共同体建设，提升县级敬老院失能照护能力和乡镇敬老院集中供养水平，健全分层分类的社会救助体系。实施村级综合服务设施提升工程。加强村级就近便捷服务能力建设，推动基本公共服务供给由注重机构行政区域覆盖向注重常住人口服务覆盖转变。

（四）全面推动五大振兴

推动乡村产业振兴。产业兴则乡村兴，产业振兴是乡村振兴的物质基础。深入推进农业供给侧结构性改革，推动农业尽快从总量扩张向质量提升转变，加快培育发展乡村产业和乡土产业。推动质量兴农、绿色兴农、品牌兴农，大力发展现代种养业，推进农产品就地加工转化增值，大力发展乡村现代服务业，促进农村一二三产业深度融合，加快构建现代农业产业体系、生产体系、经营体系。完善农村生产性配套基础设施建设，促进农业生产方式转型升级。持续规范高标准农业生产过程，完善和升级温室、大棚等标准化设施，提升农村农业的自然风险抵抗力。也要做好农业服务性配套设施升级，根据地域特征和产品特性，加强农产品仓储保鲜、冷链运输和物流设施建设，延长销售时间或错季销售，实现产品保值增值。要充分利用电商平台、网络直播等新型农产品营销渠道，推动高质量农产品与市场需求有效匹配。我国农村网络零售额多年保持增长趋势，并在疫情暴发后逆势而上，2021年获大幅增长（图4.3），证明"互联网＋农业"大有可为。创新供应链应用，建设农商一体农产品供应体系，与对应的农产品全国集散地、物流中心、销售地建立有序稳定联系。注重建立和推广农产品标准化体系、产品质量认证标准体系，打造农产品品牌，对标一线市场中高端农产品标准，争取国际通行的农产品认证，增强产品的全球竞争力。

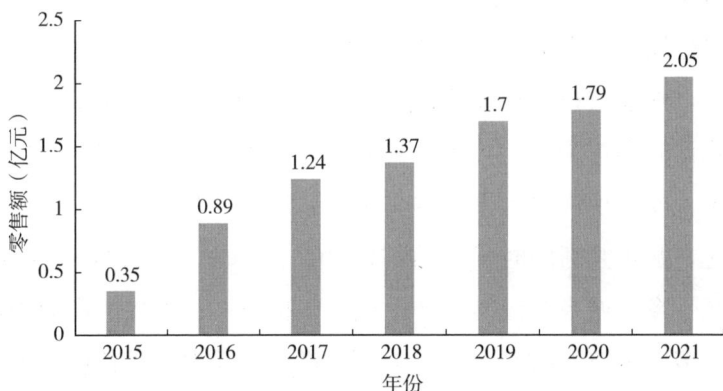

图4.3　历年中国农村网络零售额

数据来源：国家商务局。

推动乡村人才振兴。乡村振兴需要人才，也将为无数人才提供创造更多高质量就业创业机会。全面提高农民生产水平素质，通过劳动技能和知识培训，引导农民从传统的农民、农民工向现代农业工人、新型农业经营主体身份转换；通过先进农业生产资料和农业机械设备使用培训、技术服务培训，促进农民提高自身科技知识、管理经验、技术技能等综合素质，成为有效掌握农业新科技、新机械、新农艺的现代农民。注重培育乡村领军人才，培养引领一方、带动一片的农村实用型人才带头人，在农业实践中壮大新一代乡村企业家队伍、电商人才队伍、乡村工匠队伍，使乡村人才在与新技术、新产业、新模式的结合中重塑乡村发展新动能。注重青年人才培养和吸引，通过完善激励政策，优化就业创业环境，吸引更多乡村人才回流，造就一大批家庭农业经营、农村合作社和龙头骨干企业的"农二代"接班人，促进乡村青年由身份标识向职业认同转变；通过加大基层科研专项财政投入力度，激发广大青年农业科技工作者创新活力，大力培育乡土科学家，帮助更多农民从知识的应用者转变为知识的创造者[①]。

推动乡村文化振兴。文化振兴是乡村振兴的重要基石。大力挖掘和提升乡村文化价值，增强乡村文化吸引力，不断提升乡村社会文明程度。开展移风易俗专项行动，加快新时代文明实践中心、所、站、点等平台建设，加强农村思想道德建设，推动社会主义核心价值观转化为农民的情感认同和行为习惯，焕发乡村文明新气象，推动形成文明乡风、淳朴民风。要传承优秀乡土民俗文化，弘扬红色基因文化，打造优秀的家风文化，赋予其新的时代价值与内涵。推动文化产业赋能乡村振兴，秉持以城带乡、城乡互促的指导思想，坚持以文化引领、产业带动，农民主体、多方参与，政府引导、市场运作，科学规划、特色发展的基本原则，发展创意设计、演出、音乐、美术、手工艺、数字文化、特色产业、文旅融合等重点领域，从市场主体、人才、金融和土地等方面为乡村文化产业提供具体支持。

推动乡村生态振兴。生态振兴是乡村振兴的底色和内在要求，良好生态环境是农村最大优势和宝贵财富。大力推进乡村自然资源加快增值，实现乡村绿色发展，构建人与自然和谐共生的乡村发展新格局。深化农村人居环境整治，禁止污染向农村地区非法转移，促进农业农村绿色发展。加强农用地土壤污染防治，不断增加农业生态产品和服务供给，推进优质生态产品价值转化，提升生态文明理念。让绿色健康生态成为现代化农业的核心品牌价值。制定科学的村庄规划，在规划中纳入生态发展目标与指标，保障规划贯彻落实。

---

① 谢伦裕，《为实现乡村全面振兴奠定扎实基础》，《光明日报》，2022年。

推动乡村组织振兴。组织振兴是乡村振兴的根本保障。加强农村基层党组织建设，通过基层党组织把广大农民群众凝聚起来，形成强大合力。进一步提升农村基层党组织政治功能和组织力，提高组织协调各类治理主体的多元治理能力，凝聚群众力量打造善治乡村，推进共建共享。增强乡村基层党组织建设。加强党支部在乡村振兴中的领导地位与主导地位，探索党支部、村委会任职一体化、专职化、派驻化。继续探索科学乡村治理模式。积极探索以生产发展、生活富裕、生态良好为方式，以村民自治、法律法治、社会德治为保障，以美丽环境、文明乡风、洁净家园为目标的新型乡村治理模式。设计乡村新型社区建设模式。提高乡村组织建设水平与管理水平，依照新型社区化管理模式，在合适的地区稳步加快村镇化、镇城化、市民化的发展速度，提升乡村宜居性，推动乡村现代化，缩小城乡差距。

下一步，中国将继续推进乡村振兴，坚决守住不发生规模性返贫底线。继续开展巩固脱贫成果后评估工作，强化监测帮扶责任落实。促进脱贫人口持续增收，巩固提升脱贫地区特色产业，完善联农带农机制，强化龙头带动作用，促进产业提档升级。加大对乡村振兴重点帮扶县和易地搬迁集中安置区支持力度，做好国家乡村振兴重点帮扶县科技特派团选派，实行产业技术顾问制度，持续加大安置区产业培育力度。推动脱贫地区帮扶政策落地见效，细化落实过渡期各项帮扶政策，拓展东西部协作工作领域，深化区县、村企、学校、医院等结对帮扶。同时中国将与全球各国共同携手抗击疫情，继续深化国际减贫合作，为各国在减贫问题上提供国际合作平台。充分发挥中国—联合国和平与发展基金作用，加快实现疫后更好复苏，有力推进全球减贫事业。积极应对气候变化挑战，在卫生健康、数字化、绿色经济等领域为全球减贫事业发挥更大作用。

第五章

全球减贫发展展望

一、直面多重风险与挑战

疫后经济恢复缓慢。疫情出现以来，全球各区域、主要经济体和国际机构采取积极的货币政策和财政政策有效促进了经济复苏，并通过多样化的社会保障措施持续推动减贫进程。但 2022 年以来，全球通货膨胀高企，各国开始实施紧缩财政政策和货币政策，全球市场波动加剧，经济复苏放缓，发达经济体逐步实现经济复苏，而一些发展中国家在疫情暴发后累积了大量债务，偿债成本不断提高，经济增长面临较大阻力。同时粮食安全等问题叠加，全球减贫面临较大挑战。

可持续发展议程进展缓慢。根据联合国《2021 年可持续发展目标报告》，2021 年全球可持续发展目标指数的平均得分略有下降，贫困和脆弱国家的可持续发展议题进展缓慢甚至出现倒退，包括医疗卫生和地区安全等多重危机导致全球可持续发展目标进展出现逆转。2022 年，全球在可持续发展目标方面未取得明显进展。在许多中低收入国家，可持续发展目标 1（无贫困）和目标 8（体面劳动和经济增长）的表现仍与疫情发生前存在较大差距。

地区冲突频发，局部地区贫困程度恶化。冲突和暴力一直是全球发展面临的严峻挑战，且其与低收入和中等收入国家消除极端贫困目标的实现息息相关。近年来，全球暴力冲突事件增加，地区脆弱性及复杂性不断加深。疫情暴发以来，世界各地区的稳定更是遭受一系列巨大挫折，包括东欧、亚洲、非洲以及拉丁美洲和加勒比在内的多个地区都遭受了地区冲突与战争的严重冲击。

二、携手构建没有贫困、共同发展的人类命运共同体

推进全球发展倡议，构建全球发展共同体。2021 年 9 月 21 日，中国国家主席习近平在第七十六届联合国大会提出全球发展倡议，以构建全球发展共同体为目标，秉持发展优先、以人民为中心等理念，重点推进减贫、粮食安全、抗疫和疫苗、气候变化和绿色发展等领域合作。全球发展倡议与减少贫困、提升民生福祉紧密相关，有助于实现联合国《2030 年可持续发展议程》，也为各国制定可持续发展政策提供了思路和启示。当前全球面临着经济社会发展领域的严峻形势，国际社会通力合作、积极践行全球发展倡议将是推动疫后经济恢复、推进减贫工作不断进展的必由之路。全球发展倡议切中世界大变局、疫情的形势要害，聚焦各国人民对和平发展、公平正义、合作共赢的期盼追求，高度契合各方需要。中国将与全球各国共同携手抗击疫情，继续深化国际减贫合作，积极构建全球减贫合作联盟，为各国在减贫问题上提供国际合作平台。充分发挥中国—联合国和平与发展基金作用，加快实现疫后更好复苏，有力推进全球减贫事业。积极应对气候变化挑战，在卫生健康、数字化、绿色经济等领域为全球减贫事业发挥更大作用。

统筹推进疫情防控和经济社会发展工作，推动全球范围内经济加速复苏。继续投入针对变种病毒的新冠疫苗的研发，加强疫苗国际合作，加快对贫困国家的疫苗援助，构筑全球免疫大防线。加强应对疫情的全民医疗和社会保障的供给，积极推进对妇女儿童的健康服务保障，构建传染病防治全球统一体系。有效统筹疫情防控与经济社会发展工作，快速推动全球范围内的经济复苏。多方式关注和支持发展中国家特殊需求，尤其是当前面临债务困境和发展阻力的脆弱国家，解决区域间、国家间和各国内部发展不平衡问题，实现全球经济包容性和可持续性

增长。

　　加强交流与合作，持续推进落实联合国《2030 年可持续发展议程》。持长远眼光和战略视野，将全球可持续发展目标的内涵融入各国经济社会发展框架中，通过各类多边、双边交流机制和平台，围绕减贫与乡村发展、粮食安全、教育发展等议题，加强交流分享，共同落实《2030 年可持续发展议程》，构建平等均衡的全球发展伙伴关系，推进全球减贫进程，携手构建没有贫困、共同发展的人类命运共同体。